Les Marchands de voluptés

Renée Dunan

Paris, 1932

© 2024, Renée Dunan (domaine public)
Édition : BoD · Books on Demand, 31 avenue Saint-Rémy, 57600 Forbach, bod@bod.fr
Impression : Libri Plureos GmbH, Friedensallee 273, 22763 Hamburg (Allemagne)
ISBN : 978-2-3225-5050-0
Dépôt légal : Décembre 2024

TABLE DES MATIÈRES

Première partie
Où mène le flirt

Amande

La défenestration d'Amande

La Sangsue

Les mystères du charleston

Ce que c'est que l'imprudence

Amande se défend

Nuit du bois

Deuxième partie
Un beau mariage

Le scandale

Épousailles

La cérémonie

Voyage de noce

Retour à Paris

La guerre au foyer

Amande est trompée

La surprise

Petit drame

Troisième partie
Lupanar

Amande se décide

Révélations

Bonheur

Chez Mouste

Des surprises

De bons débuts

Nouvelles expériences

Nana Dhousse

Vagabondages

Et d'autres

Estelle Némorin

Initiations

Encore une fois

Réconciliation

PREMIÈRE PARTIE

Où mène le flirt

I

Amande

Amande est fort belle, elle est moderne et aime à flirter. Comme vous le voyez, elle a toutes les vertus. De ces vertus qui sont plaisantes au cœur et agréables à l'intelligence. Amande est blonde et ses cheveux jettent autour d'eux des reflets légèrement pourprés. Quelles délices ! Ils sont d'ailleurs courts, ces cheveux, comme ceux d'un jeune garçon sportif et l'idée ne viendra certes à personne de faire mieux que les admirer… Combien cela seul place Amande loin de jadis… Alors la chevelure était comparable à tout au monde, pourvu que ce fut vaste et poétique : la mer, les nuages, un glacier ou une forêt vierge. Les cheveux d'Amande ne sont plus maintenant qu'une touche de couleur fauve sur un joli visage. Ah ! on ne saurait nier combien notre temps a amélioré la grâce et ses désirs… Amande se pare d'un visage de jeune dieu syrien : nez étroit, pincé et un peu courbe, bouche en saillie où la lèvre inférieure méprise lorsque l'autre complimente, son menton porte une fossette et ses joues sont légèrement fardées… Elle expose d'ailleurs cette précieuse effigie avec une hauteur délicate et attrayante, avec un air perpétuel de se promettre, et de dire : « Admirez-moi ! mais vous ne voyez que la préface… »

Enfin, elle a un corps, un corps dont elle tire orgueil. Il est droit et net, pareil à une épure, à la fois, et à certaines toiles de la Renaissance, où se tiennent des éphèbes ambigus, mais admirables. On ne sait pourquoi elle ferait bien dans un tableau du Sodoma…

Ce qu'on devine sous les vêtures du corps de la douce Amande est, en effet, troublant. Deux jambes qui paraissent toujours occupées à tourner, dans un luxurieux chaudron de sorcières, quelque breuvage aphrodisiaque, des bras aux courbes si parfaites qu'on se voudrait sentir étreindre par eux. On dirait de ces courbes mathématiques qui intègrent abstraitement tous les absolus, donc tous les paradis… Et entre bras et jambes c'est un bloc harmonieux de lignes enchevêtrées, avec des renflements pareils à des coussins, des creux, des monts et des vallées, toute une géographie plastique qui résume en vérité la terre et les planètes, y compris je ne sais quel volcan…

Ah ! que ma chère Amande est donc exquise à voir, à décrire et même à toucher… Car on peut la toucher. Oh !

pas trop loin ! J'ai dit qu'elle était flirteuse et moderne. Une fille de notre époque ne peut pas se tenir, comme une icone, au fond d'une niche, pour sourire à ses admirateurs. Amande sourit, certes, mais de près. Elle professe d'ailleurs que l'amour est un exercice sportif et qui réclame de l'entraînement avant la grande épreuve du stade. Aussi elle descend parmi les humains… Elle flirte. Mais sans se brûler les doigts… Le flirt est, au surplus, une chose difficile à délimiter. En France il se tient dans des limites modestes parce que nous sommes un peuple ami du dévergondage, c'est-à-dire que nous allons tout de suite droit au fait. Chez les peuples vicieux, c'est-à-dire où la pruderie est forte et impérative, le flirt est alors beaucoup plus hardi. Il comporte des jeux de mains qui ne sont pas exclusivement manuels, des contacts profonds d'intention électromagnétique, et même des amusements dont le moins que nous dirons, c'est qu'ils ne leur manque rien pour être l'amour lui-même, rien, sinon un peu moins d'acrobatie, ou alors d'égoïsme partagé…

Mais Amande ne flirte pas à la façon des belles filles de l'Utah où le Mormonisme fait régner la vertu et la polygamie ensemble. Elle n'use point de cette prestesse chaste et raffinée qui est, quant au baiser, une sorte de miracle britannique. Elle est de Paris et son flirt décent ne va pas plus loin que la paume et que le genou.

Voilà pourquoi Amande aime ce jeu, qui l'amuse sans créer en elle aucun trouble. Elle ignore le plaisir, et sait seulement qu'il existe en tant que délire spécifique. C'est peu ! Elle connaît donc les délices des contacts légers et caressants, qui font lever la peau et dresser les seins, mais au fond restent de simples chatouilles. Et Amande sait se défendre lorsqu'un amateur veut aller plus loin que l'aisselle, en dansant, ou voir quand elle croise les jambes, plus haut que le sommet.

Je vous l'ai dit, elle est flirteuse, mais pleine de vertu.

Amande est une petite bourgeoise de Paris. Son père donne dans la politique, la finance et la littérature internationale. C'est un brave homme qui sait tous les lieux où l'on touche de l'or sans mal. Il connaît les banques, les légations et les ministères aux caisses exorables. Il court tout le long des jours avec une sorte d'allégresse divertie, parce qu'il aime à se croire un de ces gaillards importants et redoutés, à qui, comme aux dieux, on fait partout des sacrifices pour se les rendre favorables. Il est d'ailleurs inoffensif et seulement un rien suiveur de petites filles, vraies ou fausses. Il goûte les jupes que le vent, le hasard, ou une habile méthode de marche fait lever sur des jambes bien faites et découvertes un peu plus haut que ça… Il admire les danses nègres, qui font si joliment tournebouler les croupes. Enfin, l'été, il se hâte de venir vivre sur les plages où la nudité est bien assise. Parfois même, il s'amourache de quelque adolescente et s'empresse de se ruiner pour elle. Il lui donne aussi bien du plaisir que des bijoux, mais il se lasse vite.

Il est d'ailleurs toujours affamé d'argent. C'est pourquoi Amande est abandonnée à sa propre inspiration dans tous les actes de sa vie. Elle a dix-neuf ans, elle est de bonne éducation, instruite et belle. Si avec ça elle est incapable d'organiser seule sa vie, son père la reniera… Amande voudrait à cette heure accrocher à des réalités solides une formule de bonheur. Dans ce but, ce qui lui plaît le mieux, c'est encore de fréquenter les dancings. Ah ! qu'il est vraiment savoureux de se sentir étreindre durant le tango, de mêler ses jambes à celles d'un inconnu, avec toutefois une sorte d'intimité prudente… et même de percevoir, durant le lent déroulement d'un pas exotique, tandis que le jazz tonne, pleure et cascade, l'homme lui-même céler, avec une obligatoire discrétion, ce qui s'émeut chez lui !

C'est comme si on caressait à travers une grille un fauve très dangereux…

Et Amande adore ça.

Au demeurant, c'est une jeune fille correcte dans ses discours et ses façons. Elle ne parle pas souvent argot, et encore choisit-elle ses mots…

Elle dit « tapette », mais ne se permettrait jamais de prononcer le mot « péter ».

C'est une demoiselle du monde. Si elle se laisse caresser les seins ou les hanches, c'est en public. Elles détesterait cela autrement.

Chère Amande !

II

La défenestration d'Amande

Or, ce soir-là, Amande était triste. Son père allait partir pour quelque lac suisse, aux bords duquel des affaires de haute politique devaient se résoudre. Bien entendu, il emmènerait là-bas sa dernière petite amie, une demoiselle Zoé, vicomtesse, ayant, avec deux ou trois particules authentiques, un exquis profil sémitique et des ardeurs difficiles à contenir. C'est elle qui, dix mois plus tôt, s'exerçant au tir avec un browning dans sa chambre à coucher, avait mis en mauvais point son amant, un danseur argentin de la rue des Envierges. La Cour d'Assises avait tenu compte, et des quartiers de noblesse de l'accusée, et de ce fait que rien n'interdit le tir au pistolet en appartement. Un acquittement unanimement approuvé vint donc rendre à la jeune Zoé une pureté, sinon physique, du moins morale. Elle sortit en triomphe d'un Prétoire que rien n'étonne plus. Le père d'Amande était à l'occasion journaliste judiciaire. Ayant assisté à l'opération du jugement, il trouva qu'il fallut vite ajouter son satisfecit à celui des jurés, et courut aux jupes de l'acquittée, qui, justement, se sentait désir de quelques bonnes paroles.

Et voilà comme était née cette union, certes provisoire, mais étroite aussi.

Amande, en toute sincérité, aimait assez le profil de Zoé, maîtresse de son père. Elle lui soupçonnait aussi des vertus savantes. Pour elle, présentement amie des seuls jeux superficiels, un doute rongeant entourait d'ailleurs le problème de la passion. Elle pensait bourgeoisement que le rêve parfait fut sans doute de voir l'amour se perpétuer dans une fidélité réciproque et obstinément ardente. Mais elle était instruite, et philosophe aussi… Son expérience lui montrait en sus que cette fidélité, quoique sans doute possible, ne se réalisait jamais. De là à croire qu'il existât un secret, un mode amoureux de s'aimer, une sorte d'organisation profonde, mais mystérieuse et définitive des rites de l'amour, il n'y avait qu'un pas, et elle le franchissait. Rien n'est si reposant pour l'esprit que de s'imaginer voir clair dans les choses qui vous entourent. On peut, bien entendu, se tromper, mais c'est toujours moins agaçant que d'ignorer… En tout cas, Amande pensait quelque jour découvrir cette pierre philosophale.

En attendant, ses idées étaient peut-être fausses, mais fort claires. Il devait pour elle exister dans la vie deux sortes de gens. Ceux qui savent comme s'y prendre pour que l'amour dure et que la satiété ne vienne pas trop vite, puis ceux qui ignorent ce mystère. Les derniers font les mauvais époux et les amants irrités.

Ah ! quand on s'aime, comment faut-il agir, pour que la lassitude ne naisse pas tout de suite, et pour découvrir toujours du plaisir dans la vie commune, que tout porte à l'insipidité ? Voilà ce que notre amie Amande ne savait pas. Elle espérait l'apprendre toutefois avant d'aimer ou d'épouser qui que ce fût. Elle avait d'abord conçu de demander cette clef à Zoé, quelque jour proche. Car cette personne, outre qu'elle inspirait le respect pour sa façon allègre et infaillible de manier le pistolet automatique, savait aussi se faire aimer longtemps. Elle avait eu quelques amants connus et classés. Des amants figurant sur le Bottin mondain, et qu'on photogragraphie dans les journaux illustrés, pour faire de la réclame à Cannes, La Baule ou Deauville. Or, ils lui étaient restés fidèles tant qu'elle avait voulu. Mieux, ces hommes, qui pratiquaient généralement le désintérêt envers les femmes, avaient, chose assez curieuse et digne de méditation, gardé, même délaissés, une flamme intime à l'égard de Zoé.

D'où, évidemment, il résultait qu'elle avait le tour de main pour séduire et garder les hommes.

Et il faudrait apprendre d'elle la solution du problème : qu'est-ce qu'il faut donc faire ou dire aux amants et maris, si on veut qu'ils vous aiment à perpétuité ?

* * * * * * * * * * * * * *

Ce soir-là, ressassant ses idées favorites, Amande eut une idée, ce qui peut se nommer une bonne idée :

En effet, elle se trouvait seule dans sa chambre. Il était neuf heures passées. Elle s'ennuyait, ayant commencé de lire le livre d'André Gide sur Dostoïewski. Certes, l'auteur d'*Amyntas* et de *Corydon* avait fait tout son possible pour pervertir le romancier russe. Il lui attribuait tellement de satanisme qu'on finirait peut-être, en l'écoutant, par tenir *les Frères Karamazof* pour un livre obscène. Mais voilà, Amande était une âme saine et sans goût pour les duplications du cube en amour. Le *Dostoïewski* de Gide lui paraissait donc presque aussi rasant que du Marcel Proust. Il faut avouer ici que cette Amande n'avait aucun des respects qui s'imposent aux âmes d'aujourd'hui…

Elle ferma donc le bouquin où le Satan de Gide faisait des grâces de vieille coquette à la recherche d'un gigolo poitrinaire et se leva :

— Zut, fit-elle, ce qu'on s'embête.

Fut-ce donc le diable qui lui répondit en lançant en son esprit la fusée d'un air de jazz ?

Elle esquissa un pas de danse :

— Oh ! la la, quelle barbe !

À ce moment exact, comme une inspiration du Malin, une autre idée lui vint :

— Tiens, c'est vrai, Neige vient, m'a dit mon père, tous les jeudis à la Sangsue.

Elle s'arrêta.

— Cette Neige, tout de même, elle doit aussi savoir s'y prendre ?

Une méditation la tint cinq minutes debout, près de la fenêtre, et elle regardait dans la rue.

— Si j'allais à la Sangsue, moi aussi ?…

« Je lui parlerais : « Madame, je suis… » »

« Elle m'enverra dinguer…

« Bah, elle ne me mangera pas.

Elle se mit à rire.

— Mais comment sortir ? Mon père fera un boucan infernal, s'il l'apprend. Il me laisse libre, mais il serait fichu de me mettre sous clef.

Amande ouvrit la fenêtre.

— On pourrait descendre ici, en somme ! Je suis au premier et ce n'est pas haut. Quant à remonter…

— Bah ! finit-elle en chantonnant. Je m'arrangerai bien.

Le désir d'aller à la Sangsue devenait irrésistible en cette âme juvénile.

— Allez-y !

Elle enjamba l'appui, se laissa suspendre.

Par malheur, sa jupe s'accrocha et elle se sentit dévêtue par en bas.

— S'il passe quelque voyeur, il aura un spectacle de bon goût et à bas prix, murmura-t-elle en pouffant.

Et elle sauta.

— Attention à ne rien se casser…

III

La Sangsue

La Sangsue était un dancing de la rue Saint-Lazare, sis là même où, au XVIIIe siècle, se tenait la Taverne des Porcherons, lieu de beuverie et de débauches fort apprécié sous le règne de Louis le Bien-Aimé. On l'avait surnommé de ce nom hirudiné à la suite d'une aventure cocasse qui octroya d'ailleurs en une nuit la vraie personnalité parisienne à une petite rôdeuse des boulevards extérieurs.

Celle-ci, en effet, avait comme amant un potard excellent danseur, qui fréquentait assidûment le bal en question, dénommé alors avec une simplicité parfaite : Au Jazz.

Et ce faiseur de pilules y vint un jour avec sa maîtresse, laquelle, saoule et sans vergogne, se dévêtit et prétendit danser ainsi. Mais le patron du lieu le lui interdit :

— Je ne puis vous laisser faire. Mettez au moins une ceinture de bananes, comme Josephine Baker.

— Des bananes, dit la fille. Où les prendre ?

— Je vais te chercher ce qu'il faut, répliqua alors le pharmaque.

Et il rapporta, cinq minutes après, un bocal de sangsues, puis les apposa gracieusement sur la peau de sa maîtresse, de façon à faire une petite frange noire et tortillante devant ces lieux charnels, dont la vision fait, dit la sagesse des nations, devenir aveugles ceux qui les contemplent sur le vif…

Décemment munie de ce pagne vivant, la maîtresse de l'apothèque dansa ensuite des pas de son invention, et si saugrenus qu'ils eurent le lendemain les honneurs de la grande presse.

Trois jours après, elle portait des pierreries de cinq cents billets à tous ses orteils et on se battait pour l'entretenir. De ce jour, Au Jazz devint À la Sangsue, et, sous ce nouveau nom, connut une gloire presque aussi grande que Locarno. Quant à celle que la digne Amande allait consulter à la Sangsue et qui se nommait Neige, son nom total était Neige Borgia. Elle avait été couronnée deux fois, comme prix de Vertu à Coucouron, sa patrie, et comme prix de beauté à Paris. Lors du concours américain de Galveston, où elle s'était rendue pour affronter, et les lois bleues sur la pudicité, et ses concurrentes en grâces de tous pays, elle n'avait obtenu que le deuxième prix, ayant refusé, avant lecture du palmarès, de couronner la flamme d'un attorney général qui était aussi juge suprême en matière esthétique. Elle faillit même, pour son refus, être électrocutée comme auteur de seize crimes affreux commis dans l'Arkansas peu auparavant, car les attorneys d'Amérique ne rigolent pas lorsqu'on refuse de leur faire hommage de quelque chose dont ils ont désir. Mais Neige Borgia eut toutefois la chance de séduire le *boss* politique du pays, lequel était d'ailleurs de figure agréable, tandis que l'attorney s'attestait on ne peut plus mal fichu. Et le boss, qui avait des accointances avec les gardiens de la prison où Neige attendait l'électrocution, la fit un jour sortir sans plus de façons. Dans sa cellule, on mit à sa place le premier prix de beauté, une belle enfant cubaine qui, elle, avait justement fait au boss ce que Neige faisait à l'attorney. Ainsi va le monde, dans un juste équilibre… Tout à fait blasée sur les amours américaines, Neige Borgia repartit en hâte pour Paris.

Elle avait, on le devine, acquis du toupet dans ces aventures assez rares, où le fauteuil électrique jouait le rôle dévolu généralement à un petit bidet. Elle fit donc beaucoup parler d'elle et acquit de ce chef des amants de haute dignité : un financier qui n'avait que sept banqueroutes derrière lui, un général vénézuélien qui dévorait dans les boîtes de nuit le budget de son pays dont il était ministre des Finances, un joueur de baccara qui faisait des bancos de cinq cents billets sans en avoir le premier sou, un épiscope d'Honolulu qui cherchait des conversations sensationnelles jusque dans le lit des belles courtisanes, et un assassin célèbre, condamné à mort dans treize pays différents. On comprend qu'avec de telles références, Neige Borgia connût la gloire. Le plus curieux était que nul ne renonçât à elle de plein gré. Elle s'attachait si bien les mâles que tout leur désir était, après le plaquage, de revenir à la chair fascinante et aux baisers définitifs de leur chère Neige.

Voilà pourquoi, sachant que cette notabilité de l'amour fréquentait la Sangsue le mercredi, Amande voulut la voir.

Elle avait appris cette coutume en passant, avec son père, devant le célèbre dancing. À ce moment, descendait d'une Lincoln, pareille à un meuble en vernis Martin, une admirable femme, vêtue si peu et si court qu'elle semblait un peu plus que nue.

Et le père d'Amande la désignait à sa fille.

— Voilà Neige Borgia !

— Elle est jolie, répondait Amande.

— Oui, beaucoup, et on ne l'oublie jamais quand on la connaît bien.

— Vraiment ! Mais où va-t-elle ?

— Le mercredi, elle fréquente la Sangsue, c'est un jour très chic. Et la jeune fille avait enrichi sa mémoire de ce détail précieux.

Ce soir, elle l'utiliserait.

. . . .

Amande avait parfaitement sauté de sa fenêtre. Elle était entraînée à tous les jeux sportifs, et ses muscles possédaient les vertus indispensables à une adolescente moderne, qui danse, nage, conduit une auto, monte aux arbres et court le cent mètres en moins de douze secondes.

Elle se reçut donc bien, freina vigoureusement le choc un peu dur et se mit à rire sur le trottoir :

— On dirait Latude s'évadant de la Bastille !

Ceci dit, elle se remit en marche avec allégresse, tout heureuse de se voir dehors à cette heure malgré les défenses. Elle avait pris de l'argent, un petit galurin rose qui lui allait comme le croissant va à la déese Diane, et un petit browning tout doré qui semblait un bijou, mais vous envoyait une balle du calibre six-vingt-cinq, à trois cents mètres, sans faire d'efforts.

Elle se hâta vers la rue voisine où elle trouverait un taxi.

Trois minutes après, dans la voiture, qui faisait des fantaisies de changements de vitesse à travers le Paris nocturne, Amande se frottait les mains avec joie.

— Dans un moment je ferai mon entrée au dancing illustre qui porte la Sangsue comme enseigne.

La Sangsue !…

Sur les deux côtés du trottoir, dans une rue dont presque toutes les boutiques sont closes, sauf quelques mastroquets pour chauffeurs, il y a plus de cinquante voitures admirables qui attendent, comme des bêtes lasses mais bien musclées… Et à la porte, une série de chasseurs, minuscules, sanglés et portant une petite boîte à camembert rouge sur l'oreille, avec une jugulaire vernie passant sous la lèvre inférieure, canalisent, difficilement, une foule en fracs et robes de soirée, qui caquette dans une mare de parfums.

IV

Les mystères du charleston

Amande paya ce qu'il fallait. Cela lui valut l'estime d'un personnel attentif à tout mépriser, et qui traitait de haut déjà la robe de ville de la jeune fille.

Elle entra enfin et eut une sorte d'éblouissement.

La salle était vaste, en effet, et magnifiquement éclairée. La lumière surabondante avait été diffusée avec tant d'art que les yeux clignaient sans qu'on sût pourquoi. Avec cela des loggias pleines d'ombre se trouvaient aménagées tout autour de l'immense piste, sous une sorte de portique, et l'on devinait que tout fut licite ici, selon le coin choisi, la correction mondaine, la galanterie familière, le caprice osé des restaurants de nuit et les audaces du cabinet particulier. Depuis la danse glorieuse par laquelle s'illustra la maîtresse du potard, les tenanciers du dancing, il faut l'avouer, conseillés par des artistes éminents et ne regardant pas à la dépense, avaient vraiment fait de la Sangsue un établissement royal.

Amande se promena. Elle regardait avec une sorte de joie intime et voluptueuse passer des gens d'une élégance fascinante et d'autres d'une recherche certaine, mais plus vulgaire. On en voyait encore quelques-uns pourris de grossièreté et de mauvais goût. C'était vraiment tout Paris. Des adolescentes aux yeux cernés erraient çà et là par deux, avec des mines de louves en rut, et des matrones, dépassant la soixantaine, décolletées plus bas que le nombril et troussées plus haut que les aines, faisant les petites filles avec un art d'ailleurs accompli… Les hommes gardaient presque tous cet air d'ennui qui dissimule l'attention et le désir. La foule allait donc et venait, se croisait, se mélangeait, dans une sorte de perpétuel brassage où, çà et là, des gueules dures et excitées, des masques amollis par la détente du plaisir, des figures étirées et éteintes disaient mille choses étranges et trahissaient le comportement prochain ou récent de leurs porteurs…

Dans le centre, on dansait avec une lente frénésie, au son d'un orchestre de huit mulâtres colossaux, ricaneurs et épileptiques. Les couples s'enlaçaient avec une tendresse inquiète, se regardaient de trop près et mêlaient leurs genoux avec une sorte de ferveur désespérée.

L'air d'un cowboy, avec ses larges pantalons à franges, un chapeau démesuré, un énorme revolver à la ceinture et un foulard rouge au cou, un homme sautait seul en hurlant des mots barbares. Il donnait à chacun le goût de l'imiter et c'est à grand'peine que les plus gaillards, parmi les assistants, se retenaient de danser le cancan, comme au temps du bal Mabille. Bref le charme de la Sangsue opérait…

Amande vivait dans un songe de joie. Déjà elle était allée dans divers dancings, mais jamais à cette heure-ci où l'on peut, sans se faire remarquer, abandonner un peu de pudeur et de savoir-vivre. Et puis, le sentiment qu'elle avait d'être dans ce bal en fraude lui apportait une satisfaction plus douce, avec une sorte de saveur de vice, qui flattait son palais et même la peau de son corps…

Elle se promena longtemps, ne pouvant se lasser de regarder danser et converser tous ces gens que l'amour occupait très visiblement. Çà et là un jeune homme ou un personnage mûr la regardait insolemment, pour agir ensuite selon les réactions que pouvait provoquer son attitude. Là où l'on était serré, Amande sentait aussi des mains d'inconnus essayer sur elle des opérations de haute tactique… On allait jusqu'à tenter de lui saisir la main au passage pour la diriger vers des provocations peu recommandables… Mais c'était une jeune fille maîtresse de ses nerfs et de ses muscles. Elle résistait sans se faire remarquer et sans protestations vaines. D'ailleurs, se sentir entourée de désirs lui demeurait agréable.

À certain moment, l'ayant suivie vingt pas, un jeune homme l'invita à danser.

Elle le toisa avec curiosité. Il était fort acceptable et gracieux. Admirablement habillé, cela s'entend, mais non pas comme une gravure de mode ou selon ce genre de dandysme ridicule qui consiste à ne pas se faire remarquer. Celui-ci portait des détails de toilette qui témoignaient d'idées originales en matière de vêture. Une certaine audace morale se lisait encore dans le tracé de sa cravate et le choix du tissu de son smoking, qui n'était point d'un drap à la portée de tout le monde. Amande fut donc satisfaite de son examen, et accepta de partager un pas d'Amérique avec lui.

Charleston, danse venue des Antilles en passant par la Louisiane, tu es bien le symbole même de notre civilisation. Pas méthodique et un peu fou, délire semblable à une chorée et poursuite d'une sorte de vertige de vitesse, tu es, en sus, acrobatique et guindé dans ta folie. Il y a en toi pour charmer à la fois le puritain et le voluptueux. Amande le savait, mais son partenaire ne l'ignorait point, et tous deux firent un couple de haute allure, qui inspira à quelques bourgeoises une envie âcre, mélangée d'ailleurs de mépris…

— Mademoiselle, disait le danseur, vous êtes exquise.

— Certainement, répondait Amande, en s'efforçant vers une naïveté bien imitée.

— Vous dansez à ravir.

— Vous me flattez, monsieur !

— Pas du tout. Oh ! je voudrais que vous me fissiez l'honneur…

— Tous les honneurs, monsieur, si vous voulez…

— Eh bien, puisque nous sommes à la fin de cette danse, venez donc boire un peu de champagne avec moi.

Amande hésita. Mais son expérience des hommes était limitée et on ne lui avait jamais dit que les bons danseurs, polis et discrets, fussent en sus des gens dangereux. Elle crut pouvoir accepter.

Tous deux se rendirent dans une loggia demi-ténébreuse, d'où l'on voyait tout sans que personne à l'extérieur fût en mesure de se rendre compte de ce qui s'y passait…

Amanda eut un doute léger en pénétrant dans ce coin obscur, mais le sérieux et la politesse de son galant la rassurèrent, et puis, elle avait soif…

On but donc, en conversant avec politesse et prudence. La jeune fille mentit un rien en contant sur sa personne même des choses fausses, mais propres à dépister le curieux. Lui ne dit pas grand'chose. On voyait de loin les couples danser avec une fièvre obstinée. Il entrait aussi dans l'établissement des femmes de minute en minute plus deshabillées, car la maison, pour inspirer confiance à sa clientèle, savait graduer l'inspiration publique de façon à amener la plus grande liberté sans à-coups.

De fait, bientôt, des femmes vêtues d'un simple cache sexe se promenèrent avec allégresse. De beaux garçons, un peu plus vêtus, se mirent de la partie. Ils avaient un petit caleçon…

Puis les danses devinrent un peu plus étroites et les contacts donnèrent des émotions plus visibles à leurs acteurs. Enfin, on en vint à des divertissements du genre ancien, c'est-à-dire pareils, en plus chaste, pourtant, à ceux qui sont peints sur certains murs de Pompéi.

Oh ! oh ! pensa Amande, que cela électrisait un peu, et qui ne voulait point s'obéir. Je vais rentrer…

V

Ce que c'est que l'imprudence…

— Monsieur, dit Amande à son aimable cavalier, je pense me retirer.

Exprimant cette idée, elle se disait aussi intimement : « Comment diable remonterai-je à mon premier étage, en partant de la rue ? » Mais elle ne laissait rien voir de son petit tourment.

— Oh ! mademoiselle, répondit le beau jeune homme, en riant de toutes ses dents alignées au port d'arme, osez-vous me dire cela ?

— Je le dis parce que c'est la simple vérité.

— Mais, mademoiselle, on commence juste à s'amuser.

— Oh ! je suis très contente de ma soirée.

— C'est un grand honneur que vous me faites. Cependant je crois qu'il vous faut attendre encore une petite heure.

— Non ! monsieur, ce qui est décidé est décidé.

— Mais pourtant…

— Monsieur, on nous reproche depuis fort longtemps, à nous femmes, de n'avoir aucune suite dans les idées. Eh bien, moi je vous assure certes que j'en ai. Je vais donc partir, mais je suis ravie de la connaissance faite…

— Mademoiselle, songez-y ! vous n'avez pas vu la principale curiosité de la Sangsue.

— Qu'est-ce que c'est ?

— Ah ! je ne veux pas vous le dire. Attendez ! Je vous veux encore là lorsqu'on commencera à mimer l'amour dans toutes les classes de la société, à tous les âges, et dans tous les pays.

Amande se mit à rire.

— On va mimer…

— Oui. Oh ! ce sera mieux que mimé, car je suis certain que beaucoup, dans l'émotion de ce… pastiche, vont aller du coup à l'émoi lui-même, tout comme si c'était une édition princeps…

Amande éclata d'un rire frais qui fit retourner plusieurs personnes voisines. Elles attendaient toutes le moment émouvant avec une impatience visible. Leurs faces, tendues par le désir, étaient d'ailleurs mélancoliques. C'est ce que fit remarquer Amande, sans cesser de rire :

— Voyez, ma gaîté offusque nos voisins. Ont-ils l'air triste ? Décidément, la mimique que vous voulez me montrer n'est pas du tout destinée à amuser. C'est peut-être de la propagande repopulatoire. Ma foi, je pars.

— C'est que l'amour, le véritable amour, est une chose certes divertissante, mais non point risible.

— Eh bien ! je m'en vais tout de même. Après tout, j'ai bien le temps de voir ça. Je n'ai pas passé l'âge.

— Restez donc encore cinq minutes !

— Mais pourquoi faire ? Il y a trois heures que je m'amuse sans gêne et sans façon. Il ne faut pas abuser des meilleures choses. Et puis il doit être tard ?

— À peine deux heures du matin.

— Déjà… Mais c'est fou. Je ne pensais même pas qu'il fût minuit. Je fuis, je fuis !…

— Voulez-vous, mademoiselle, que je vous accompagne ?

— Pourquoi faire, monsieur ? Je vais fréter un taxi. Je ne crains pas les mauvaises rencontres. Je n'ai point de collier à me faire voler.

— Mais j'ai ma voiture dehors.

Cette fois Amande hésita un instant. C'était un complément délicieux de sa soirée que ce retour chez elle en compagnie du danseur. Pourquoi refuser ?

— Eh bien, monsieur, repartit-elle, soit ! Vous allez, puisque cela ne vous ennuie pas, me reconduire chez moi. Mais je vous prive ainsi de la partie la plus alléchante de la soirée. Je ne voudrais pourtant pas…

— Ce n'est rien, mademoiselle. Croyez-vous vous que dès votre départ cet établissement aura pour moi les mêmes charmes ?

C'était bien dit, et Amande se sentit légèrement rosir devant cette espèce de déclaration.

— En ce cas, monsieur, voulez-vous que nous sortions ?

Un instant après, les deux nouveaux amis se tenaient sur le trottoir devant la Sangsue. Il y avait peut-être soixante autos dans la rue, gardées par des agents innombrables et des chasseurs aux airs équivoques.

Bientôt, dans une conduite intérieure de bonne marque, au capiton fraise écrasée, Amande s'assit à côté du danseur qui mit en marche.

Elle donna son adresse et on démarra.

— Cette soirée restera dans ma mémoire comme une des plus exquises de ma vie, dit l'homme.

— Oh ! monsieur, si c'est à cause de moi, je suis certaine que vous exagérez.

— Pas du tout. Vous êtes belle comme un lis.

— Oh… oh… dites donc aussi candide que lui ?

Sans s'arrêter, et avec un demi-sourire, le galant persista :

— Vous êtes fraîche comme une rose.

— Une rose de printemps…

— Vous êtes parfumée comme un œillet…

— Arrêtez ! c'est tout un jardin que vous trouvez en moi. Vous savez que si j'incarne tant de fleurs odorantes, je reste pourtant une femme aussi peu poétique que possible. C'est d'ailleurs bien vieux jeu, cette série de comparaisons…

— Ce sont celles que m'inspire votre charme…

Amande, amusée et attentive à toutes les paroles de son danseur, se tenait le visage tourné vers lui.

Cependant les avenues et les rues, les boulevards et les carrefours défilaient vertigineusement.

Le personnage, tout en faisant la conversation avec grâce, menait sa voiture avec une habileté souveraine.

Amande demanda :

— Dites ! croyez-vous vraiment que je sois assurée de mériter tant de compliments. Les femmes nouvelles sont bien moins crédules que leurs aïeules.

— Elles ont tort.

— Pas du tout. Aux temps des séductions faciles, à coups de paroles poétiques, et, malgré leurs vertugadins, leurs jupons par demi-douzaines, leurs pantalons à triple serrure et leurs défenses innombrables, elles appartenaient au premier venu. C'est qu'elles croyaient toujours trouver une passion grande comme le monde derrière la moindre déclaration d'amour. Désormais nous sommes plus sceptiques. Nous avons peu de défense, nos jupes sont posées directement sur la peau, et nos protections d'étoffe sont réduites au minimum, mais nos esprits sont difficiles à vaincre et nous ne nous pâmons pas parce qu'on nous a mis un compliment sur les reins… Et la jeune fille se mit à rire.

On passa, sans que son interlocuteur répondît, trois minutes de vitesse, où le moteur ronflait sur une note aiguë, puis ce fut un arrêt presque brutal.

— Descendez ! dit simplement l'homme en ouvrant la portière. Un peu ahurie de cette sécheresse, Amande, sans regarder rien, sortit de l'auto et étouffa un cri de surprise.

Elle était dans l'obscurité, mais le ciel plein d'étoiles dessinait le décor.

La voiture se trouvait au beau milieu d'un bois, sans doute le Bois de Boulogne.

L'ombre, malgré, çà et là, de courtes perspectives, paraissait contenir tant de menaces qu'Amande fit effort pour ne pas s'évanouir de peur.

VI

Amande se défend

Tandis que surprise et éberluée Amande ne savait plus, durant un court moment, que dire et que faire, le danseur de la Sangsue sautait, derrière elle, hors de l'auto et la prenait par le bras.

Sa voix était soudain devenue un peu rauque, et la douceur qu'il étalait peu auparavant se trouvait disparue d'un coup.

Il dit âprement :

— Venez là !

La jeune fille se reprit immédiatement :

— Je ne vais nulle part, dit-elle crânement, en se dégageant de la prise.

L'homme eut un ricanement :

— Mais si ! vous allez venir sur l'herbe, là, et nous nous amuserons un petit quart d'heure…

Amande sentit un rouge invisible, mais chaud, qui lui montait aux joues. On la prenait visiblement pour une fille galante qui veut se faire passer pour naïve.

Sa voix rageuse s'étrangla :

— Nous ne nous amuserons pas, je vous le dis. Ayez l'obligeance de me reconduire chez moi !

L'individu eut de nouveau son rire insolent :

— Vous croyez commander ici, ma petite. Détrompez-vous donc. Vous êtes à moi. Pucelle ou pas, mais je ne vous crois pas telle, si habile qu'ait été votre conduite au dancing, vos m'appartiendrez, et où nous voici ! N'appelez pas, car je vous bâillonnerais.

— Nous serions deux, dit Amande en s'efforçant de garder la maîtrise de volonté dont elle aurait besoin sans doute avant peu. Un silence régna durant moins d'une minute. Le personnage pensait que le sentiment de la solitude, du danger, de la ténèbre ambiante et de la décision catégorique, chez l'ennemi qui lui faisait face, dussent vaincre vite cette grande jeune fille, peu habituée certainement à combattre dans des circonstances semblables. Il était sûr de lui.

Mais Amande, toujours droite, et sans flancher, répéta :

— Reconduisez-moi, plutôt que de faire de vaines menaces. Je vous l'ai dit il n'y a pas longtemps, je ne suis pas de celles qui s'épouvantent vite et qui capitulent. Vous ne m'aurez pas.

— Je vous aurai ! répliqua l'homme en la prenant par les deux mains. Ils se faisaient face et le diapason des voix s'élevait un rien. Visiblement le personnage ne s'était pas attendu à cette résistance. Elle eut un rire strident.

Alors il la tira, à lui comme font les lutteurs, avec un croc en jambes fort habile qui devait la précipiter à terre.

Amande, évidemment inaccoutumée à ces façons, chancela et fut aussitôt emprisonnée à plein corps.

Elle sentit que ce genre de combat lui serait fatal et attendit, pour s'en dégager, un relâchement de l'étreinte dangereuse. Cela ne tarda pas. L'homme, se croyant vainqueur, voulut plus fortement l'immobiliser, et pour la saisir mieux il la lâcha une demi-seconde. C'en fut assez pour que la jeune fille parvint presque à se libérer. Elle n'était plus tenue que par un poignet. Mais on le serrait si fort qu'elle crut défaillir.

— Coquine ! fit l'agresseur furieux.

Et il essaya cette fois de ceinturer Amande par derrière.

En même temps il proférait de sales injures à voix basse, tant cette audacieuse lutte l'agaçait.

Amande, soudain, lui échappa. Elle avait profité d'un de ces moments légers, où un ennemi atténue toujours sa prise pour la rendre plus complète ensuite.

Elle recula vite :

— Brute ! fit-elle furieusement.

Alors, se lançant sur elle comme un fauve, l'autre la prit par les jambes et la culbuta.

Amande roula sur le sol avec un cri puis se sentit dominée par un corps robuste, qui tentait en même temps, de la garder immobile, de lui interdire l'emploi des mains, de lever la jupe et de lui disjoindre les jambes. C'était toutefois trop compliqué. De fait, ce labeur complexe ne se fit pas aussi facilement que l'homme pensait d'abord…

Mais ce qui vainc les femmes agressées, c'est toujours moins la vigueur du violeur que le désordre et l'exténuement provoqué dans leur esprit et dans leurs muscles par une lutte excessive et la tension nerveuse qui en résulte. Il vient généralement un instant où la femme qui se débat succombe donc par lassitude et incapacité de se crisper plus longtemps. Sa défense est moins centrée et moins tendue vers un but exclusif que l'attaque et son désir. D'où le fléchissement, qui est une réaction.

Se tordant en tous sens comme un serpent pris par la tête, s'efforçant de crier ensemble et de garder ses cuisses en contact, secouant ses bras et soubresautant du torse, Amande comprit enfin que de si violents efforts allaient tôt la livrer pantelante, et aussi épuisée qu'un athlète qui vient de courir quatre cents mètres en moins de cinquante secondes.

Elle se ressaisit.

Fermant la bouche en pensant que toute aide était sans doute vaine à espérer, elle s'immobilisa brusquement, comme si elle se donnait.

L'autre eut un rire de triomphe…

— Ah ! garce, fit-il sauvagement, tu me fais attraper chaud.

Et, se croyant vainqueur, il écoutait avec une joie sourde la respiration haletante d'Amande. Puis il lui abandonna les bras pour porter ses efforts plus loin.

Mais, ainsi qu'un petit fauve, la jeune fille s'arc-bouta sur le sol, se secoua violemment, et fit rouler sur le dos, avec un juron furieux, l'homme qui se croyait définitivement maître d'elle. Il touchait justement la chair désirée. Ce fut rapide, car, d'un bond de carpe, Amande délivrée se mit debout et s'élança devant elle. Trente mètres plus loin, elle se retourna, en entrant dans une sorte de buisson qui lui griffait les jambes.

Les phares en veilleuse de l'auto brillaient légèrement. À côté, l'adversaire relevé faisait une grande ombre incurvée. Il hésitait à poursuivre sa victime.

En même temps il grognait des outrages empruntés à la langue verte, et qui prétendaient reconnaître à Amande tous les vices ensemble de Sodome et de Gomorrhe.

Il se lança pourtant vers Amande, mais elle le vit venir et s'enfonça vite dans un fourré. Il la frôla, s'écarta, furieux et d'autant plus déraisonnable. À la fin, calmé, il prit une lampe électrique pour la chercher méthodiquement. Mais Amande fuyait follement, sans savoir où.

VII

Nuit du bois

Amande se trouva perdue au milieu des futaies ou des taillis. Tout en haut, à travers les branches d'arbres, elle voyait le grand ciel gris et violacé où viraient les étoiles. Elle regarda cela avec une sorte d'émotion qui lui coupait les jarrets.

Elle s'assit.

Le silence était devenu total. Son ennemi la cherchait peut être encore, tout là-bas, mais il n'avait ni les qualités d'un Sioux pour la suivre à la piste, ni sans doute la confiance en soi, indispensable pour la guetter assez longtemps.

Amande sentit renaître au fond de sa pensée l'âme des ancêtres d'il y a bien des milliers d'années.

Les ombres, autour de sa petite vie, se peuplèrent de formes incertaines et menaçantes. Amande crut voir de grands fauves tapis qui allaient sauter sur elle pour la dévorer…

Mais, par chance, c'était une jeune fille moderne, et qui tenait à contrôler en temps normaux sa pensée et ses impressions. Elle se mit à rire nerveusement :

— Je deviens folle, ma foi !

Peu à peu elle se maîtrisa :

Quoi ! elle était tout simplement au Bois de Boulogne, où nulle bête carnivore ne se promène autrement qu'en cage. Pourquoi trembler ? Autour de son existence, combien d'autres humanités erraient même en ce moment, à cent pas ou plus près…

Il est vrai qu'au milieu de la nuit il est douteux que les habitants du Bois soient de morale bien relevée, et souvent il en est de criminels. Perdant sa première peur hallucinée, Amande n'en devait donc pas, pour si peu, renoncer à une légitime prudence. Mais celle-ci devait être graduée selon les circonstances et réclamait une conscience totale. Le certain, c'est qu'elle devait s'en sortir.

Et, là-dessus, Amande se sentit rassurée. Elle chercha la direction de Paris.

La jeune fille avance maintenant à pas lents et médités. Il lui a semblé entendre du bruit non loin. Elle s'accroupit pour calculer et méditer, puis reprend sa route. Paris est décidément là-bas. Sa grande clarté roussâtre se répand en plein ciel. Brusquement elle entrevoit une lueur incertaine tout près. Elle s'en rapproche doucement.

— Oh… ! oh !…

Amande est tombée sur des gens qui se divertissent selon ce jeu, né voici peu d'ans, et que l'on a nommé « partie »… Ils sont une douzaine, dans une clairière. Trois ou quatre tiennent des lampes à incandescence qui font ruisseler sur les autres une clarté délicate et dansante.

Il y a, debout, au milieu, une femme qui, jupes levées, danse la danse du ventre en chantant un air arabe. Elle montre de longue jambes gainées de sombre et, au-dessus des bas, la chair tendre des cuisses a Une nuance crémeuse et un luisant étonnants.

À côté, sur l'herbe rase, un couple étendu et dans une pose privée de toute équivoque, s'entretient de philosophie amoureuse. La femme dit :

— Non ! comme ça je n'aurais pas assez l'air d'une femme du monde… Plus loin, un homme s'efforce de vaincre les défenses d'une personne indistincte, qui rit nerveusement. Elle est vêtue d'une sorte de pelisse qu'elle refuse de quitter.

— Tu comprends, fait-elle en jetant ses mots l'un après l'autre, sur un ton essouflé, tu comprends, si l'ON vient, je n'aurais plus le temps de reprendre mon manteau. Je le perdrais. Ça ne serait pas drôle et ça me coûterait cher…

Quand elle articule le « *on* », Amande, invisible, et qui s'amuse fort, devine très bien qu'il s'agit des messieurs de la police, qui, parfois, troublent ces divertissements suburbains et forestiers.

Amande n'a jamais rien vu qui ressemble à ce qui lui est offert en cette minute. Elle aurait honte, si c'était le plein jour et si quelqu'un connaissait sa présence. Non pas que cela positivement lui soit désagréable. Pourtant c'est un peu trop privé de poésie. On s'aime d'occasion, chez soi, et on fait mille folies que les gens nomment d'un autre mot plus vilain. Soit l'amour est une justification. Et puis on n'en doit nul compte à personne.

Mais ici, ces personnages semblent avoir créé une sorte de préjugé de mauvaise compagnie. Le mystère et la discrétion leur sembleraient certainement fâcheux et peut-être attentatoires aux bonnes mœurs, telles du moins qu'ils les veulent… Alors ils agissent moins pour eux-mêmes que pour une sorte de galerie. C'est bien ce qu'Amande, qui a l'égoïsme de la jeunesse, ne peut cependant admettre. L'amour compris comme une comédie lui apparaît la plus ridicule chose du monde.

Et voilà la danseuse du ventre qui s'abandonne à un gros gaillard en questionnant les témoins :

— Hein, n'est-ce pas que c'est bien, comme ça ?

Qu'est-ce que cela peut lui faire que ce soit bien ou non, vu de l'extérieur, si elle y trouve de l'agrément ? se demande la jeune fille éberluée.

Car elle ne sait pas encore que le sentiment de l'approbation ambiante, qui alimente de vanité bien des âmes d'actrices, voire d'orateurs et de sermonnaires, est une des forces sociales les plus puissantes et les plus aphrodisiaques qui soient. Amande en est encore à l'idée de l'amour tout simple et tout nu. Mais l'amour, au vrai, tire sa violence de contingences qui lui sont étrangères d'un égard purement sexuel. L'orgueil satisfait vaut une boisson cantharidée et le goût d'être admiré résiste dans les âmes blasées, aux circonstances les mieux faites pour le chasser.

Amande médite tout cela parce qu'elle est rassurée sur les suites de son aventure. Elle espère bien que parmi ces acteurs d'Eros, il en sera tout à l'heure au moins un, très satisfait et calmé, pour consentir à la ramener chez elle sans lui demander aucune action fâcheuse.

Elle est sans doute fort naïve de le supposer, mais elle n'a pas le temps de vérifier les erreurs où elle s'enfonce.

Car des policiers, habiles comme des indiens Chippeways, se sont approchés et s'élancent en hurlant :

— Haut les mains !

On se demande pourquoi cette menace et Ce désir, car rien n'est plus inoffensif que les amoureux du Bois.

Mais la police aime les actes de théâtre, et à se donner l'illusion d'accomplir toujours de grandes choses devant des ennemis féroces…

Il y a une bousculade. La femme nue sous la pelisse s'est enfuie comme une flèche. D'autres cavalent avec une habileté de grands habitués à ces surprises. Dans le tumulte, il ne reste aux mains des chasseurs qu'une femme qui s'est fichue par terre en voulant prendre son départ et un gros homme asthmatique qui était assis, et n'a pu se lever…

Il reste aussi Amande, qu'on a empoignée sans plus de façons.

DEUXIÈME PARTIE

Un beau mariage

VIII

Le scandale

L'esclandre apparut patent et terrible, lorsque furent réunis, durant une matinée fâcheuse pour Amande, et l'arrivée hâtive de son père à la Conciergerie où elle était venue échouer, et l'annonce publique que la jeune fille se trouvait en prison… Ce fut au vrai un scandale parisien, risible et excessif, mais qui courut le risque de faire perdre une partie de ses relations à cet homme devenu furieux et sans pitié.

Il ne voulut donc écouter aucune des explications de sa fille lorsqu'elle lui fut rendue, sans nulle excuse d'ailleurs. Personne au surplus ne croit à ces rencontres bizarres de faits, qui bouleversent parfois certaines existences. Cela semble vraiment par trop romanesque. C'est en effet un sentiment très affermi dans l'âme des citoyens que celui de la norme universelle. Bien entendu rien n'est si absurde et si stupide, mais les sociétés durent par cette continuité dans la certitude que l'honnête homme et le voleur ne se ressemblent point, ni leurs existences… C'est encore la raison pour laquelle les juges ne croient jamais à l'innocence de personne, et guillotineraient volontiers, si on ne les retenait pas, tous accusés coupables et innocents, pour tous délits, vrais ou imaginaires. En effet, à leurs yeux il n'y a que deux sortes d'événements : ceux qui arrivent, lesquels ont comme gabarit la logique, la raison et l'évidence, et ceux qui n'arrivent pas. Ces derniers se reconnaissent à leur étrangeté, à leur complication, et à leur apparence paradoxale. Ce sont eux qu'invoquent toujours les prétendus innocents. Par exemple, il n'arrive jamais ou il ne doit pas arriver qu'un homme riche soit coupable d'aucun délit. De même en cas de délit sexuel à deux, c'est la femme qui est obligatoirement le coupable. Enfin, quand un crime s'est effectué, être soupçonnable, c'est être coupable. Car, il serait attentatoire aux déférences dues à l'intelligence des élites sociales, représentées par la magistrature, qu'un personnage accusé fût innocent…

Bref, tout ce que put dire Amande pour expliquer comment elle se trouvait au Bois de Boulogne à trois heures du matin, était vain, un peu ridicule et incapable de convaincre personne.

Elle dut renoncer à se prétendre une victime de la perversité mâle.

Et son père en acquit une fureur durable, qui semblait pourtant mal harmonisée avec cet esprit sceptique et dépourvu de préjugés.

Hélas ! l'idée que l'histoire d'Amande pouvait lui nuire emplissait cette pensée naïve de rage égoïste. Comme beaucoup d'autres, il n'était accommodant qu'avec les événements qui ne le concernaient pas…

Bien entendu, les journaux s'étaient malicieusement emparés de la bizarre aventure d'Amande. Ils avaient brodé et rebrodé sur elle. Les rédacteurs ne doutaient point, eux, que les dires de la jeune fille fussent véridiques. Ils en avaient bien vu d'autres… Toutefois ils les exposaient avec ironie, parce que le ton plaît au lecteur, et qu'en somme cette petite mijaurée inconnue n'avait qu'à ne pas se laisser prendre par la police…

Alors le père d'Amande pensa que le plus simple et le plus expédient fût de se débarrasser de sa progéniture en la mariant au plus tôt. Comme cela, si elle faisait des frasques, ce serait au mari d'en porter les responsabilités.

Mais comment marier cette adolescente, juste au moment où il lui advenait une histoire aussi scandaleuse ?

La difficulté du problème excita cet homme au lieu de le décourager. Il se mit en quête du prétendu.

Au vrai, quoique sans pitié et incapable de croire une vérité qui le gênait, il aimait sa fille, ce personnage. Il avait tout au moins pour elle une affection cordiale et malgré tout ne l'aurait pas abandonnée à n'importe qui.

Il lui fallait un homme riche, un peu ingénu, — en proportion même du dessalement d'Amande, — crédule aussi et fidèle…

Il avait la conviction que si son mari la trompait, Amande ferait de sales bêtises. L'époux devrait donc être choisi avec soin. Un psychologue comme cet écrivain ne craignait point d'affronter les problèmes les plus ingrats du comportement humain. Le plus curieux est qu'il découvrit l'oiseau rare.

Cela se passa dans « le Monde ». Il y fréquentait avec assiduité, par goût et par besoin de se bien confirmer dans la certitude d'être un gaillard de l'élite.

C'est même parce qu'il avait failli se voir fermer un salon prude et moral qu'il en voulait tant à Amande.

Or, chez une femme de ministre, il fut présenté certain jour à un homme jeune, l'air effacé et effaré, visiblement un peu niais, et probablement porté vers le mariage par son incapacité à séduire, car il était timide.

Voilà, se dit l'astucieux chef de famille, ce qu'il faut à ma fille. Il s'entoura de renseignements et sut bientôt que c'était en tout le parti rêvé.

Il restait à mettre l'oiseau en face d'une adolescente que ses mésaventures rendaient assez acariâtre, et c'était là une opération délicate.

Elle n'en fut pas moins menée à bonne fin.

Le monsieur se nommait Adalbret de Baverne d'Arnet. Il portait d'ailleurs sans trop d'orgueil ce nom romantique et féodal.

Il vit Amande et la trouva exquise. Elle le jugea un peu navet, mais supportable.

Et, un beau jour, l'adolescente se vit exposer l'affaire :

— Veux-tu épouser Adalbret ?

— Mais, papa…

— Dis oui ou non ! Si tu veux, je vais tâcher de l'y amener.

— Eh bien soit !

— Tu sais que le mariage est autre chose que la vie de caprices et de libertinage que tu as menée ?

— Papa, tu exagères. Parce que je suis sortie une soirée, et qu'il me vint mille ennuis de cette inoffensive histoire, il ne faut pas sembler tout de même croire que j'aie passé mon temps dans la débauche.

— Peu importe, un mari calmera, je pense, ton besoin d'aventures.

— C'est entendu ! Je consens à épouser Adalbret.

Le père poussa un soupir heureux. Il aimait sa fille, mais il avait sur les femmes des idées arrêtées et arriérées. La première c'était qu'il est impossible avec elles de savoir la vérité. La seconde c'est qu'elles sont insatiables en tous leurs désirs. La troisième, c'est qu'il faut, pour avoir la paix, éviter d'être responsable d'aucune.

En mariant Amande, il pensait donc faire la félicité de sa fille, la sienne propre et peut-être, par-dessus le marché, celle d'Adalbret de Baverne d'Arnet. C'était donc de la haute philanthropie qu'une telle opération…

Que le mari fût un jour cocu, l'événement resterait de petite importance. Un mari qui se fait berner par sa femme n'excite que la joie publique, tandis qu'un père ridiculisé par sa fille appelle l'indignation.

Et tout fut dit…

IX

Épousailles

Le mariage d'Amande fut célébré avec la pompe discrète qui convenait, mais avec une élégance qui en faisait un événement très parisien.

Quelques jours auparavant, stylés par une main sûre et informée, les journaux, qui avaient oublié l'histoire du bois, de la partouze et de la jeune Amande, découverte par la police dans des conditions qui semblaient l'accuser de mille et trois dévergondages, les journaux donc firent assaut de courtoisie pour annoncer les épousailles de leur précédente victime.

On parla du fiancé avec componction et en insistant un rien sur l'excellence de sa famille et sur ces aïeux qu'il avait eus à la bataille de Saint-Jean-d'Acre, où saint Louis fit de belles prouesses contre la peste, les infidèles et les moukères du pays.

On fit même allusion à ce Sidonien de Baverne d'Arnet, qui paria élégamment en 1794 de se faire guillotiner, et perdit son pari… Ce furent autant de souvenirs attendrissants. Puis on insista avec grâce sur celles — les grâces — de la toute charmante Amande. On se garda de rappeler la mésaventure du Bois de Boulogne qui n'était plus de mise, pour évoquer le temps où la gente enfant avait le premier prix de thème grec au lycée Scarron. On la montra, dans sa jupe courte, courant sur un terrain de tennis, raquette en main et proférant, d'une voix de cristal vénitien, des mots anglais, dépourvus de tout sens, mais qui aident les balles à aller droit… On l'évoqua encore dans ces bals mondains dont elle faisait l'ornement, et où elle disputait la palme du tango à la plus savoureuse disciple de Terspichore de notre époque, la toute belle Sylvie Plattsbits, née de Bourbonnelle. C'est une Anglaise, métissée de Marseillaise et de Niçoise, née en Australie, élevée à Constantinople, éduquée à Paris et qui danse comme si la danse était sa personnelle propriété.

Ainsi la presse donnait un lustre discret au mariage de la douce Amande avec monsieur Adalbret de Baverne d'Arnet. D'ailleurs cela réjouissait prodigieusement la famille du fiancé, qui adorait la publicité. Quant à elle-même, disons-le sincèrement, elle s'en f…ait, Amande aurait rêvé d'un mariage où elle seule et son mari eussent été en présence. Elle regrettait donc que ce fût le fruit de diverses interventions, peu désintéressées, et craignait que cela pût lui porter malheur. Mais elle acceptait tout.

D'ailleurs, son affection envers le cher fiancé était de petit modèle. Il n'apparaissait pas du tout l'homme de ses rêves secrets…

Elle aurait voulu épouser un amoureux un peu mûr et resté beau, un homme d'expérience, qui aurait su la gâter comme sa fille et l'aimer avec toutes les patientes délicatesses qui sont le fait de l'entraînement.

Elle le voyait alors exquis, discret, souriant, aimant à pardonner et sachant les plus délicates recettes de la joie, moins égoïste aussi que les jeunes gens, plus tendre et plus généreux. Il la prendrait un peu pour une poupée délicate, qu'il faut ménager, mais encore pour un cerveau bien organisé, avec lequel on peut s'entendre et c'eût été exquis.

Hélas ! il fallait déchanter. On allait lui faire épouser un jeune homme qui n'aurait quelques-unes des qualités voulues que par hasard, et peut-être par timidité, ou pas du tout…

En sus, Amande détestait les timides. Elle prévoyait surtout que cet Adalbret dût manquer de la science galante qui joue un si grand rôle dans les affaires de cœur.

Car elle voulait connaître ce domaine ignoré. Oh ! sans fièvre et sans cette rage de jouissance qui tient les petites filles trop ardentes et poussées vers le vice.

Amande n'était pas vicieuse pour un sou d'or. Tout de même elle n'était pas si ignorante que de ne point connaître le mystère du désir mâle et que celui de la femme peut en espérer beaucoup.

Et elle savait encore qu'il y a là un domaine de sensations fort agréable à cultiver. Si agréable, même, que beaucoup d'épouses vont le chercher ailleurs que chez elles. Cela à tous risques, et il y en a…

Ayant beaucoup ouï parler de ce monde secret de la volupté, elle s'en faisait une image spéciale qui ne s'accordait évidemment pas du tout avec la silhouette de ce bon Adalbret. Pour mettre en mouvement la machinerie subtile des passions et enclencher leurs suites de plaisir, il doit falloir un homme patient et moins occupé de lui-même que de sa partenaire… Il faut en lui du savoir et une accoutumance, de l'invention et même de l'art. Ce sont autant de vertus rares et qu'Amande ne prévoyait point chez un jeune homme d'air béat, qui paraissait en somme n'avoir jamais pensé plus loin que son nœud de cravate.

Toutefois, elle a beau heurter en soi mille attentes et mille légitimes espoirs, il faut se résigner à prendre l'existence comme elle vient. Amande était d'ailleurs trop intelligente pour ne pas comprendre que l'aventure du Bois avait creusé un fossé entre elle et son père. Désormais il lui faudrait vivre, si elle ne se mariait pas sur-le-champ, une existence fâcheuse et recluse, ou bien très surveillée. La chose d'avance l'excédait.

Autant valait-il se marier vite et épouser cet Adalbret, qui, ayant un peu l'air d'une andouille, ferait à tout le moins le mari dont on ne doit attendre aucun grave ennui…

Et ce fut après avoir tourné et retourné cent fois ces idées que la méditative Amande se décida à accepter un mariage qui était en l'espèce le moindre mal.

Les choses, au demeurant, se firent sans trop de malencontres, et on vint au jour faste fort doucement.

La veille avait eu lieu le contrat, succédant au concert de presse qui avait donné à la famille d'Adalbret une haute idée de sa fiancée. Car cette famille voulait avant tout attester son modernisme. D'où la joie qu'elle ressentait à voir la fille d'un considérable journaliste, et d'un initié à tous les dessous de la société moderne, entrer chez elle.

Adalbret était cossu, et le contrat fut conçu, par un notaire subtil, de façon à ménager soigneusement les richesses du jeune époux. Amande apportait peu. Son père gagnait pourtant énormément d'argent, mais il le dépensait avec promptitude et il aimait trop les belles filles de haut prix !

Tout le monde parut enfin heureux. Le mariage magnifique unissait en effet la fille d'un représentant de l'intelligence au descendant d'un certain nombre de héros périmés, dont le moins douteux fut ce Baverne d'Arnet qui fut pirate sous le Grand Roi et pendu sur le quai des exécutions, à la Vera-Cruz…

X

La cérémonie

Oh ! ce jour de mariage, quel trésor de souvenirs amusants, cocasses et inattendus il laissa dans l'âme de la moqueuse Amande !

Il y eut d'abord le lever, on s'en rend compte, car il n'est pas coutumier de marier les filles au lit. Un lever plein de bruit et de fébriles allées ou venues. Les servantes couraient comme des folles dans l'appartement paternel, en montrant leurs jarrets vêtus de soie viscose rose tendre.

Puis on invita Amande à commencer sa toilette de jeune mariée. Selon les tempéraments une telle toilette peut être le comble de l'embêtement ou de la drôlerie. La jeune fille était justement, ce matin-là, d'une humeur charmante et tout l'amusait. Elle se laissa donc vêtir avec des rires perpétuels.

Et quelle vêture, Seigneur !… Ce n'étaient que satins immaculés et mousselines virginales. L'impression faite par cette tenue supercandide fut si grande, sur la femme de chambre qui aidait Amande, que la pauvre fille se mit à pleurer comme une Madeleine en songeant qu'elle n'en aurait sans doute pas autant à ses épousailles, malgré un désir violent comme le lumbago. Pour cette jeune personne, qui d'ailleurs aimait ensemble tous les garçons livreurs, les facteurs et les commis bouchers, le rêve était en effet de se marier un jour avec une combinaison de satin immaculé, une robe de tulle candide et un bouquet de fleurs d'oranger authentiques, venu de Nice par avion…

Ainsi vont les choses que dans chaque classe de la société les joies ont une valeur différente et souvent opposée. Car, en vérité, Amande se fichait des cérémonies du mariage autant que des contes de Perrault. Elle se serait bien mariée en costume de ville, en chemise, ou nue, elle aurait volontiers remplacé la symbolique fleur d'oranger par des lilas, des orchidées ou des gueules-de-loup, sans y attacher plus d'importance. Et ce qui la divertissait c'était exclusivement le côté théâtral et primitif de ce cérémonial antique et un peu risible dont elle se gaussait sans façons.

Elle dansa même un petit charleston, toute seule, en sa combinaison si étroite qu'elle lui plaquait sur la chair de façon un rien ostentatoire et faillit la faire craquer.

La femme de chambre lui disait :

— Mademoiselle, cela vous portera malheur si vous riez en ce moment sacré…

— Pourquoi, sotte ? demandait Amande. Qu'est-ce qu'il y a de sacré là-dedans ?

— Mais, mademoiselle, songez que vous allez vous marier tout à l'heure…

— Est-ce que tu fais tant des chichis, toi, lorsque tu vas avec un de tes amants ?…

— Mais ce n'est pas cela qu'on nomme se marier.

— C'est l'essentiel du mariage, ma pauvre Marie. Le reste c'est la décoration extérieure.

Et elle continuait à danser.

— Mademoiselle, vous allez faire découdre votre combinaison.

Amande éclatait d'un rire amusé

— Sois tranquille, elle tient bien !

Et elle s'arrêtait devant la mine allongée de la servante.

— Mais on dirait que tu prends ça au sérieux, Marie ?

— Certainement, mademoiselle ; moi si je portais ces pareilles choses je me tiendrais bien sage.

— Tu te refuserais même au facteur des imprimés ?

— Oh ! ça, je ne dis pas… Vous savez, quand on a comme moi le sang chaud…

— Ah bon ! et Amande pouffait follement.

— Oui, mais je quitterais ma robe blanche, parce qu'il ne faut pas rire avec cela.

La jeune fille trouvait un sel exquis à ces sentiments puérils, qui attribuent une espèce de valeur magique aux décors des réalités.

Enfin les préparatifs furent faits et on se dirigea vers la mairie.

Là, un adjoint, en jaquette et ceinturé de tricolore, accomplit tous les rites, posa toutes les questions avec rigueur en consultant un petit livre — le guide du parfait officier municipal sans doute — et fit un discours plein d'humour et de bon vouloir.

Puis, les signatures données, tout fut consommé. On était époux… Il fallait maintenant aller à l'église, car la famille de Baverne d'Arnet tenait à une bénédiction faite selon les règles latines.

Rien de mieux, un prêtre vêtu d'une aube de dentelle du Puy fit, à son tour, les menues cérémonies ecclésiastiques. Mais il ne consentit point à un discours parce qu'il était pressé par une pénitente qui, tous les mois, lui apportait de menus petits cadeaux à cette heure même.

Et tout le monde sortit sous le feu de trois photographes, brandissant leurs appareils avec une fureur très provisoire mais agressive.

Le mariage d'Amande était conclu.

Le reste du jour se passa dans la liesse artificielle de ces divertissements galants et pudiques. Il y eut un repas discret et plein de réflexions mondaines ; puis, vers la sixième heure de l'après-midi, Amande et son mari sautèrent, parmi quelques vœux bien choisis, dans une auto qui les mena à la gare de Lyon.

Avant ce départ, une vague tante, qui inaugurait pour la circonstance une parenté toute neuve, prit Amande à l'écart et lui confia la nécessité de faire bientôt le sacrifice de toutes ses pudeurs.

— Ma chère enfant, dit la duègne avec un air faussement attendri, comme ta mère n'est plus, je prends sur moi de te faire des recommandations indispensables.

— J'écoute, fit Amande en se retenant pour ne pas rire.

— Te voilà mariée…

— On le dit, reconnut la jeune femme.

— Et tu as de nouveaux devoirs.

— Oh ! ce ne sont pas des devoirs urgents.

— Si, ma chère enfant. Tu vas aujourd'hui même avoir une grande surprise.

— Merci de m'en avertir.

— Et souffriras peut-être.

— Ah ! bah. Je prendrai un cachet d'aspirine.

— Tu verras… Mais ce que je dois te recommander, c'est de ne pas refuser ce que ton mari te demandera.

— Bon. Mais il faut qu'il le demande avec politesse…

Et Amande, ne pouvant plus se retenir, éclata d'un rire fou. La tante garda son sérieux.

— Ris, mon enfant, mais sache que si tu es docile aux désirs de ton mari, cela te sera bientôt agréable et c'est essentiel.

— Quoi donc « cela » ?

— Cela, c'est…

XI

Voyage de noces

Les époux écoutaient rouler le train qui les emportait dans la nuit. C'était un bruit sourd ou rythmique, partagé en petits fragments par une sorte de battement répété tous les quatre ou cinq secondes. De leur couchette ils évoquaient la ténèbre environnante et leurs pensées flottaient à la dérive. Adalbret dit ;

— Ma chère femme, je suis bien heureux.

Amande répondit poliment.

— Moi aussi.

— Nous voilà époux, reprit le mari en cherchant, dans un esprit légèrement embrumé, des paroles éloquentes qui se dérobaient.

— On le prétend tout au moins ! répondit doucement Amande.

— Oui et c'est la vérité.

— J'en suis fort satisfaite.

— Excusez-moi de ne pas entourer ce fait de manifestations plus romantiques, fit alors la mari, que le chemin de fer ne rendait pas du tout amoureux.

— Vous êtes tout excusé, mon cher époux.

Et Amande pensait :

« S'il est une chose dont me voilà ravie, c'est bien de pouvoir somnoler en paix dans ma couchette sans être obligée de me livrer aujourd'hui à des innovations gymniques. »

Et elle se disait encore :

« Le plus drôle, en ce moment, c'est certainement que cet imbécile d'Adalbret soit tout à fait à plat, et que cela me ravisse, mais il n'en subsiste pas moins que je mériterais tout de même un peu plus d'attentions amoureuses… ! »

Et elle demanda :

Vous n'êtes pas malade, Adalbret ?

— Non, Amande, mais je ne sais comment cela se fait, je me sens tout chose, tout endormi…

— Vous voulez cesser de parler, pour que le sommeil vienne ?

— Oh !… c'est-à-dire que je voudrais vous dire combien je vous aime…

— Il sera toujours temps, Adalbret. Nous avons notre vie entière pour cela.

— Oui, mais en ce moment…

Il s'arrêta, tout à fait abruti.

— Voulez-vous un peu d'alcool de menthe.

— Merci ! Je vous aime beaucoup, vous savez…

— J'en suis assurée, mais dites-moi, vous a-t-on fait aussi des recommandations avant notre départ de la maison ?

Adalbret ne comprit pas. Seulement Amande voulait, pour se divertir, l'embarrasser un peu, et passer sa nuit, si possible, en amusantes conversations au lieu d'écouter ronfler son mari. Lui avoua :

— Non ! on ne m'a rien dit.

— Parce que moi on m'a dit, sans me fournir d'explications, de faire tout ce que vous me demanderiez…

Et elle pouffa dans sa main pour que son époux ne pût la voir.

Adalbret se souleva sur un coude, malgré son envie de dormir.

— Ah ! oui, je sais de quoi il s'agit. Mais nous en reparlerons à l'arrivée…

— Voulez-vous me dire ce que c'est, je vous prie ? Cela m'intrigue.

— Oh ! c'est assez délicat à exprimer. Il s'agit de… de…

Le mari bafouillait, pour exposer une chose qui lui faisait un peu peur en ce moment où il était couché de son long et en paix parfaite. Il se rendait bien compte que c'est surtout en agissant que l'on expose le détail de ces affaires-là, mais l'action, pour lui, était l'ennemie de son rêve présent.

Il s'arrêta.

Amande voulut le relancer :

— C'est peut-être l'amour.

— Heu ! grogna Adalbret, c'est presque cela, mais vous savez, Amande, que c'est une conversation inconvenante.

— Oh ! vous savez, Adalbret, que les convenances ne me font pas faire de folies…

Et Amande se mit à rire franchement.

Son mari se laissa retomber sur le dos.

— C'est une question grave, proféra-t-il. L'Amour ! Moi, vous savez, je vous aime…

« On le sait, se dit-elle in petto, mais ta démonstration est plutôt molle et dépourvue d'accent… »

Et elle se tut, lasse de cette conversation qu'il fallait alimenter, comme un feu de paille, et qui menaçait sans cesse de s'éteindre.

Le silence régna. Adalbret se mit à ronfler, et Amande, se passant les paumes sur le corps, songeait :

« Je vaux tout de même mieux que ne semble le croire ce pauvre diable. Il y a du plaisir à prendre avec moi, et à me donner. Vais-je regretter d'avoir épousé ça ?… » Mais elle décida : « Non. Je suis une femme mariée et je ferai selon mon gré désormais. En somme, s'il y a du plaisir sur la terre je le trouverai bien toute seule, et s'il est ailleurs que chez moi, je ne ferai rien plus, en allant le prendre là où il se cache, que ne font des milliers et des milliers de femmes comme moi…

« Et elles s'en trouvent bien. »

Là-dessus elle s'endormit.

. . . .

Les époux s'arrêtèrent à Marseille. Ce fut là, dans le fameux Hôtel de Djibouti et de la reine Hortense, qu'eut lieu la nuit de noces d'Amande.

Le caractère essentiel de cette nuit de noces c'est qu'elle eut lieu à trois heures de l'après-midi.

Elle comporta, de la part d'Adalbret, toute une cérémonie de poésie ancienne et de réflexions empreintes de traditionnelles philosophies.

Amande en rit beaucoup et cela l'aida à supporter l'inhabileté et le manque absolu de finesse de son mari.

Il laissa dans l'esprit de sa femme le souvenir d'un événement plus ennuyeux à beaucoup près que le reste du mariage, et privé, en sus, de toute vertu divertissante… Mon Dieu ! on sait bien que ces choses-là ne sont pas tout de suite dignes de l'Empyrée. Mais Amande trouva pourtant que c'était quand même un peu trop idiot et laborieux.

Sans compter que l'Adalbret lui fit mal et ne sembla même pas en extraire lui-même une once de plaisir. Une femme peut supporter beaucoup de déplaisir pour être agréable à autrui. Mais que ce soit sans but et sans résultat pour personne, parut à Amande une vraie disgrâce.

Elle pensa :

« Mon petit, ce n'est pas par vice que j'en viens là, mais comme je ne veux pas mourir sans avoir connu la volupté, qui est peut-être surfaite, mais existe cependant, je vois qu'il me faudra la chercher ailleurs qu'avec toi. »

Et elle fit gentiment les cornes à son mari qui ne comprit pas.

XII

Retour à Paris

Adalbret et Amande errèrent durant un mois en Provence et en Italie. On visita Cannes avec son port empli de superbes yachts à louer au mois, à la semaine ou à l'heure. Nice reçut leurs pas amusés, et ils y admirèrent un pullulement étonnant de duègnes macrobites traînant dans leurs jupes des petits jeunes gens aux faces exténuées, et tout semblables à de petits chiens de manchon, poil à part. De là ils coururent à Monte-Carlo et perdirent quelques sesterces à la roulette, pour être dans la note du jour et du lieu.

Et ce fut Menton, pleine de souvenirs des grands-ducs de Russie au temps où les fonds du budget d'un grand empire servaient exclusivement à entretenir des danseuses, des adolescents trop féminins et des entremetteuses napolitaines cherchant à négocier, selon le client, leur mari, leur sœur, leur frère ou leur mère. La colonie slave de la côte d'Azur ayant alors utilisation de tout ça…

Puis, Amande passa la frontière d'Italie avec un petit battement de cœur, car elle allait à Venise.

Elle connut la perle Adriatique, ses palais roués vifs et ses gondoliers sortis de la nuit des temps. Elle put franchir le Rialto, rêve qui hantait depuis combien d'ans son enfance. Elle songea avec émotion, sur place, aux mystérieux condamnés qui franchirent jadis le Pont des Soupirs.

Elle pensa qu'Adalbret, dans un pareil décor, se déciderait enfin à faire non plus le mari, mais l'amant. Il le tenta, pour tout dire, mais son éducation, sans doute insuffisante en matière d'amour, ne lui permit que des exploits médiocres au lieu du grand élan et de la fièvre épique qu'Amande attendait.

Elle tenta de l'éveiller, dans son sommeil bourgeois d'époux qui ne sait pas donner de la joie aux femmes. C'était certes délicat, mais Amande ne craignait rien, pas même de passer pour une petite dévergondée…

Au surplus, ce qu'elle fit ne lui valut que de l'étonnement chez son partenaire et point de passion.

Alors, elle se laissa faire de l'œil par ces métèques de races diverses, métissés d'Anglo-Saxon, de Croate, de Vénète et de tzigane, qui sont en quelque sorte l'insecte spécifique du sol vénitien. Mais elle n'eût point le temps de pousser la comédie à son degré le plus plaisant, car les époux ne passèrent que huit jours dans la ville des Doges, et les idylles ont besoin pour se faire chair d'un petit peu plus de temps.

Alors Amande, furieuse de voir sa vie attachée à celle de cet échalas qui ignorait en vérité comment on aime les femmes, qui croyait le plaisir une façon de dire d'une voix pâmée : « Je vous aime » ; et qui dormait la nuit, se promit de lui faire pousser des cornes de sept lieues.

Et elle regarda dès lors les autres hommes avec une insolence parfaite, les yeux dans les yeux…

Au début, elle dut un peu se forcer pour jeter aux mâles le muet défi de cette œillade incisive et tuméfiante…

Mais l'habitude lui vint. À Trévise, durant le retour, elle osa même, dans le couloir du wagon, se frotter, sans nulle équivoque, à un homme qui regardait le paysage, lequel en fut bouleversé.

À Vintimille, durant le cérémonial guerrier de la douane, qui ressemble un peu à une retraite aux flambeaux et à un comice agricole, elle se trouva dans un angle de bâtiment, à côté d'un homme qui depuis un instant la regardait avec une insistance dépourvue de toute vergogne.

Et le personnage, profitant de ce que la retraite était coupée à Amande, la prit par les épaules et lui apposa un baiser violent sur la nuque.

— Oh ! fit-elle sans s'émouvoir, c'est un peu haut…

Et elle rentra dans son train sans mécontentement, ayant là une preuve palpable de l'effet galant qu'elle provoquait sur les inconnus. Ensuite, on reprit le P.-L.-M. vers Marseille.

À Fréjus, il prit idée à Amande de descendre pour voir les ruines romaines qu'un guide marseillais compare à Pompéi avec un sang-froid polaire et une exagération de Maltais.

Là, il faillit lui advenir une aventure charmante et qui corsait heureusement les médiocrités du voyage.

En effet, on décida de passer la nuit à Fréjus. Au matin, toutefois, Adalbret ayant la migraine, Amande s'en alla seule à la découverte. Elle s'était mis dans la tête de voir des merveilles.

Elle sortit de la ville et aperçut de loin une sorte de débris incertain qui semblait, et qui était, d'ailleurs, un pilier d'aqueduc romain.

Elle s'approcha, au gré d'un sentier capricieux, de ce morceau effrité, témoignant d'une civilisation depuis si longtemps disparue.

Et, comme cela ne se rapprochait pas assez vite, selon son gré, elle traversa dans les champs.

Or, à certain moment, pour passer dans un buisson, elle crut bon, se croyant seule, de relever sa jupe un peu haut.

Mais, couché dans l'herbe, un tirailleur sénégalais la regardait venir avec enthousiasme et il devint flambant devant le paysage intime qui lui était ainsi dévoilé.

Il sauta donc sans plus de façons sur Amande et la coucha sur le sol.

Elle qui désirait un amant depuis son mariage…

Mais voilà, il arrive qu'on désire une chose avec ardeur, et que pourtant on la refuse lorsqu'elle se présente…

Voilà pourquoi Amande se débattit comme une diablesse sous l'étreinte du beau noir, venu exprès, peut-être, de ses Tropiques. Pourtant, elle n'était pas robuste au point de se débarrasser sans coup férir de cet athlète de couleur foncée et de volume abusif. Quoiqu'elle se débattît, c'eût été comme si elle chantait la *Traviata* si, par chance — ou par méchef — un habitant du cru, non loin, ne s'était approché. Cette survenue fit au nègre une peur bleue…

De sorte que l'amant en kaki et chéchia prit ses jambes à son cou et détala avec une vitesse de grand express.

Amande resta soudain seule. Elle se mit debout en riant à demi, puis eut un peu honte de devoir remettre de l'ordre en ses vêtements devant le témoin de sa demi-défaite.

— Méfiez-vous, ma petite dame, fit alors l'obligeant défenseur en saluant. Il ne faut pas trop en faire voir à ces gars-là.

Il guignait du regard un morceau de cuisse, au-dessus du bas, qui ne voulait pas disparaître.

— Et puis, conclut-il, vous me semblez un peu vêtue légèrement pour être en mesure de vous défendre contre un guerrier de ce mordant…

À son retour, Amande refroidie décida de repartir tout de suite pour Paris, et sans nouvelle attente. Le lendemain, on débarquait à la gare de Lyon.

Ici, on trouverait sans doute à se faire séduire sans perdre contact avec les peaux blanches…

XIII

La guerre au foyer

Amande, toute réflexion faite, avait voulu prendre son parti de l'inanité amoureuse d'Adalbret.

C'était de sa part un louable effort, et très méritoire. Mais, peu à peu, les excitations quotidiennes de la vie élégante revinrent lui prouver qu'elle se conduisait en enfant et que tant de pudeur et de prudence étaient autant de sottises.

En effet, allait-elle au théâtre, ce n'étaient sur la scène que dialogues infinis sur les problèmes du sexe et de l'amour.

Courait-elle au concert ou au music-hall, et la hantise des seins, des croupes, des corps nus mettait visiblement tout le monde en état d'amour. Enfin, dans la rue, un suiveur parfois l'accostait, lui faisait des compliments qu'elle devinait sans foi et sans sincérité, mais qui suffisaient à l'émouvoir profondément.

L'atmosphère des grands magasins, avec cette tiédeur parfumée, ces faces tendues et lascives qui y errent sans cesse, l'espèce de surexcitation constante provoquée par la lumière, le mouvement, le bruit, les contacts, le passage autour de soi de tous ces corps à demi nus, lui enfonçait à travers la moelle une sorte d'aiguille douloureuse et voluptueuse.

Ainsi la vie quotidienne maintenait en cette jeune femme, désireuse de vivre simplement et selon des us moraux ordinaires, une sorte de fièvre érotique qui devait un jour ou l'autre demander son apaisement.

Ce, d'autant qu'Adalbret continuait à être un amoureux au-dessous du médiocre.

Ce n'était même pas par vide de tempérament qu'il devait être ainsi, mais par sottise, par une sorte d'incapacité absolue de comprendre la sensibilité de sa femme. Il lui fallait au vrai une femme bête, dénuée de sens, ou alors ayant des sens de rustre, et qui ne connaîtrait de l'acte amoureux que sa donnée la plus vulgaire…

Amande avait trop pensé à l'amour pour ne pas désirer le voir entouré d'un peu de galanterie et de gestes moins pratiques qu'inutiles, quoique délicieux. Ah ! dans son esprit, c'était sans doute la même chose en somme que pour Adalbret, Mais il y avait, entre leurs deux conceptions, un abîme comme il y en a entre la définition d'une ligne droite d'après le sens commun et d'après la géométrie relativiste. Bref, plus elle allait, plus Amande, ramenée à l'amour par mille contingences et forcée d'y penser constamment, s'en comprenait non seulement privée, mais même amputée…

Il faut que cela cesse, se dit-elle un jour.

Frissonnante, elle venait de quitter son mari, et cela lui laissait un vague sentiment de dégoût, comme si elle avait dû caresser une araignée-crabe.

Elle sentait d'ailleurs au fond de soi, pêle-mêle avec sa répugnance, une sorte de violente surexcitation nerveuse qui était le désir.

— Il faut que cela cesse.

Elle se mit ce matin-là à marcher dans le salon vide. Elle était nue sous un peignoir de soie rose, brodé de dragons dorés et noirs. Elle laissa choir le lourd tissu et s'irrita :

— Enfin, que faire ? Je ne puis tout de même pas m'offrir au premier venu, et d'ailleurs cela me refroidirait tout de suite. Je ne puis non plus rester ainsi…

Elle s'arrêta devant une estampe qui représentait Léda et son cygne. On y voyait la femme mythologique, la tête inclinée en arrière, manifester une sorte de joie absurde et raffinée. Et l'oiseau, avec son cou long comme une anguille, et tordu en volutes, se pressait sur le corps féminin avec enthousiasme. Un enthousiasme de volaille, bien entendu…

Amande regardait la scène avec un sourire.

— Ce que c'est que de croire aux songes amusants du paganisme galant. Dire qu'il y eut des millions d'êtres, fort intelligents, qui peignirent ou sculptèrent cette femme en proie à une sorte de canard à cou de girafe…

Cette ironie ne calmait pas le désir tapi dans sa chair, mais l'amusait, le transformait en délices esthétiques, le ramenait dans le monde des idées où il est plus facile à satisfaire ; cela, comme dit Freud, le «sublimait»…

À ce moment-là, on frappa à la porte.

— Entrez !

La servante passa une frimousse inquiétante et rusée :

— Monsieur fait demander Madame dans son cabinet.

— Dites-lui qu'il vienne ici.

Un rire stupide emplissait la face ancillaire, devant le sans-gêne d'Amande nue.

Adalbret entra.

— Ma chère amie, dit-il d'abord…

Puis il s'arrêta, ému devant la chair de sa femme, et un peu offensé devant tant de mépris à l'égard des usages du monde.

— Pourquoi, fit-il alors avec un rien de timidité, ne remettez-vous pas votre robe de chambre ?

Amande le regarda froidement et s'assit sur un fauteuil.

— Je me vêts selon mon gré, mon cher ami. Dites-moi plutôt ce que vous vouliez m'exposer en me demandant chez vous.

— C'est-à-dire, remarqua le mari un peu plus offusqué, que je voudrais vous voir moins déshabillée…

— Fermez les yeux si vous voulez. Je me trouve fort bien.

Décontenancé, l'époux reprit :

— Je ne veux rien vous dissimuler, j'ai reçu une lettre anonyme.

— Que peut me faire votre correspondance ?

— Cela vous concerne. On m'y dit que je…

— Que vous quoi ? Que vous êtes trompé ? Adalbret fit oui de la tête.

— Eh ! bien, vous n'avez qu'à brûler la lettre et à tenir celui ou celle qui vous l'envoie pour un imbécile.

— Bien sûr, reconnut Adalbret…

— Mais oui, « bien sûr »… vous n'espérez pas que je vais vous donner des explications et m'abaisser jusqu'à nier ?

— Non, Amande ! fit enfin le malheureux Adalbret, qui se voyait lancé sur une route fort ingrate, mais je serais désireux de vous voir moins…

— Moins quoi ?

— Moins donner prise à la calomnie.

Amande se mit debout, le visage pourpre.

— Mais, mon cher, vous êtes tout à fait idiot. Il ne vous suffit pas de vous conduire dans l'intimité comme si vous étiez un zéro, il ne vous suffit pas de tout ignorer du comportement convenable entre époux. Vous venez encore me tenir au courant des stupidités que des inconnus vous envoient… Et vous prétendriez que j'agisse même au gré de ces gens. Fichez-moi la paix, je vous prie, et laissez-moi !

XIV

Amande est trompée

Amande, furieuse, reprit encore, avant que son mari ne sortît :

— Prenez garde, mon cher ! Je me conduis à votre égard avec une correction que vous me ferez regretter.

— Que voulez-vous dire ?

— Ce que j'exprime. Je n'ai pas l'habitude de commenter mes propres paroles. Elle se suffisent…

Et toujours nue, fort belle, le visage rigide comme celui d'une déesse de la colère, Amande laissa tomber enfin :

— Voulez-vous divorcer ? Je suis à vos ordres.

— Non, grogna Adalbret, les convictions religieuses de ma famille s'y opposent absolument.

— Alors vous avez l'intention de m'atteler indéfiniment à votre charrette de maraîcher…

— Je ne divorcerai jamais, fit l'époux revenu à une dignité parfaite.

— Ah ! ah ! sourit Amande, eh bien ! tâchez, en ce cas, de vous conduire avec quelque dignité, et sans me chatouiller les oreilles.

— Que voulez-vous dire ?

— Ce que je dis. Tâchez, je vous le répète, de ne pas me mettre en rage contre vous. Je veux bien vous supporter, malgré ce qui s'accuse par trop visiblement de vos tares de caractère et de votre insuffisance d'époux… Mais…

Adalbret, figé devant ces insolences, ne réagit plus. Amande continua.

— Vous me comprenez, j'espère ? Vous êtes de mille coudées inférieur à ce qu'une femme de tempérament modeste peut espérer. Je vous le pardonnerais certes, mais ne poussez pas la bêtise jusqu'à me soupçonner et vous permettre des réflexions de mauvais goût, car je vous en châtierais lourdement…

— Que feriez-vous ?

— Ce sera dit en temps et lieu. Ah ! vous ne voudriez pas divorcer… Ah ! vous prétendriez me donner des conseils, et même des ordres quant à ma vie… Cela peut vous mener loin…

Le mari regardait toujours ce long corps de chair blanche et rose, imperceptiblement relevé çà et là de touches de couleurs fines. Il ne se sentait pas à l'aise. Pourtant il tenait à ses idées et ne divorcerait jamais. Quoi ! il saurait bien mater une femme comme Amande, tout de même…

Tous deux se regardèrent en silence un instant. La coléreuse avait élevé le ton, et une légère teinte pourpre marquait ses pommettes. Elle sentait que sa nudité froissait Adalbret qui lui avait tant de fois prouvé sa pruderie et sa peur des choses secrètes de l'amour. Aussi s'étalait-elle avec une insolence voulue.

Adalbret pensait de son côté qu'il s'était montré bien stupide en prenant femme dans le monde des adolescentes éduquées. Que n'avait-il cherché une petite sotte, un rien vicieuse, mais froide, comme il en est tant. Il aurait à cette heure la paix.

Celle-ci, malheureusement, sentait son tempérament manifester désormais des exigences. Et le comble c'est qu'Adalbret ne se connaissait aucune inspiration avec Amande... Il était intimidé, et un amour puéril, autant que sentimental, l'inhibait. Par-dessus tout, il ne voulait l'avouer... Oui ! que voulez-vous, c'était ainsi. Cet homme ne pouvait s'émouvoir qu'avec des prostituées de la plus basse catégorie. Les rôdeuses des boulevards extérieurs seules lui procuraient quelque joie. Il fallait qu'elles fussent stupides, mal embouchées et sans goût pour leur métier. À ce prix Adalbret y trouvait un charme infini et des satisfactions merveilleuses, surtout parce qu'elles le dispensaient de toute volonté, de tout acte et de toute responsabilité. Quelle erreur il commit donc le jour ou il lia sa vie avec cette Amande qui avait de l'esprit, était jolie et le transportait si bien qu'il en restait pantois ! Le malheur, c'était qu'Amande fût incapable de se contenter des imaginations qui longtemps satisfirent nos grand'mères... Ah ! la vie devenait pénible pour le mari d'Amande...

Tout à fait furieux, il prit le parti de sortir, et, comme la scène, quoi qu'il en eût, lui avait donné des idées sans chasteté, il courut prendre un taxi qui le descendit au coin des Extérieurs et de Barbès. Il s'en alla ensuite sous les arches du métro, dans la direction de Belleville. Il espérait bien découvrir une fille assez vulgaire et fanée pour le séduire sans polluer le souvenir d'Amande. Et il se sentait de force à lui dévouer une sorte de fleuve d'amour.

Il ne tarda pas à mettre la main sur la dulcinée désirée. C'était une ancienne dompteuse de foire, sans doute, car elle portait encore un dolman à brandebourgs et des bottes montantes. Il ne lui manquait qu'une cravache et une descente de lit en peau de tigre pour fasciner les collégiens et faire battre le cœur des petits bourgeois.

Adalbret avait l'âme d'un collégien de province. Ses sens, violemment irrités par la malpropreté, la laideur et l'ivrognerie manifeste de la belle qui lui faisait un œil quasi policier, étaient au plus haut période de tension. Il lui fit signe et la suivit alors vers un hôtel borgne du boulevard de la Villette. Elle avait les talons de ses bottes si parfaitement usés que cela lui donnait une curieuse démarche claudicante.

Adalbret, devant tant de grâces, ne se sentit plus de joie. Voilà une volupté qui ne bafouerait pas l'image d'Amande, qu'il pouvait continuer d'admirer comme une icone.

Pendant ce temps, sa femme, furieuse, battait du pied dans le salon où elle avait repris sa robe de chambre rose, noire et or. Elle se disait mille injures. Quelle sottise, en effet, d'avoir épousé cet imbécile. Il devait n'avoir de goût que pour les maritornes…

Ah ! elle tromperait bien Adalbret. C'était la chose la plus facile du monde, et il n'y fallait aucun génie. Mais elle voulait au moins y trouver du plaisir, car si c'était une corvée comme le devoir conjugal, aussi bien laisser cela en place.

Pourtant il lui fallait, en tout état de cause, tirer vengeance de la conduite d'un tel mufle et de ses façons.

Amande y pensa longtemps, assise dans une causeuse et riant parfois des projets saugrenus qui lui passaient par la tête. Enfin elle se décida, avec cette logique parfaite qu'elle tenait de son éducation et d'un besoin, en quelque sorte organique, de se sentir raisonnable.

« Je vais le surveiller et tâcher de savoir s'il va avec d'autres femmes.

« C'est cela.

« S'il me trompe je n'en serai point vexée, mais peut-être cela me permettra-t-il de divorcer malgré tout, et, en tout cas, je posséderai barre sur lui. »

Alors, elle éclata de rire en se passant la paume sur les hanches.

XV

La surprise

Or, c'était un mardi de printemps. Il faisait un joli temps clair, et le ciel, tout couvert de petits nuages gris sur un fond pervenche, semblait un cheval pie, un cheval, bien entendu, cosmique, et à la mesure de Dieu seul.

Amande se mit à sa fenêtre en riant. Elle était toute pleine de joie, ce matin-là. Après avoir étudié le comportement de son Adalbret d'époux, elle pensait avoir assez compris ses actes pour deviner qu'il irait ce jour-là voir une des filles, de classe pauvre et de laideur copieuse, qui formaient pour lui une sorte de réceptacle inépuisable à délices. Sans avoir recours à une police privée et par simple amusement en effet, Amande s'était avisée de noter chaque matin les façons de son mari. Et elle en savait assez désormais pour inférer à coup sûr ce qu'il accomplirait dans l'après-midi.

C'est ainsi que le méticuleux Adalbret s'était oint ce jour-là d'un parfum, bon marché et sentant le rance, qui était, selon son odorat, le comble de la suavité.

De plus, il avait pris la précaution de quitter la chevalière armoriée qu'il portait normalement. Il désirait sans nul doute éviter de solliciter involontairement les cupidités d'une amante prise dans la pègre.

Donc, cet homme allait se mettre en chasse de quelque gueuse pour lui offrir des transports qu'il ne savait point donner ni prendre à son foyer.

Eh bien ! on verrait comment cela aurait fin…

Amande regardait le vent déchirer les ouates blanches qui couraient au ciel. Vêtue d'un kimono court qui lui dénudait les jambes, elle se voulait une Diane modernissime et s'en amusait.

Elle avait même reçu ainsi, peu auparavant, un visiteur qui, n'y tenant plus devant ce qu'il voyait de si prometteur s'était aussitôt jeté sur elle, d'ailleurs en vain.

Amande, par chance, avait fait vœu de ne point encorner son mari avant d'avoir constaté *de visu* qu'il était le premier à agir mal. Cela ne lui venait aucunement de scrupules moraux, mais d'une façon de goût intime pour la logique. Donnant, donnant. Que celui qui trompe le premier soit châtié.

Ayant lu beaucoup de moralistes, Amande, qui restait jeune d'âme, se figurait avec un rien de naïveté que le remords peut des fois troubler les douceurs de l'existence. Mais on l'ignore en évitant de le provoquer.

Et la meilleure façon, c'est de n'agir qu'en suivant les règles de la morale même, qui recommandent la justice, c'est-à-dire la punition du pécheur.

Ainsi, une fois Adalbret surpris en conversation criminelle avec une guenon de son genre spirituel, et de sa conception esthétique, Amande, en le cocufiant à corps perdu, ne ferait plus que suivre les us de l'équité et le remords serait à jamais éloigné de son esprit.

Oh ! c'était une petite calculatrice que cette jeune femme. Au demeurant, évitons de lui prêter des soucis moraux au delà de la vraisemblance. Si elle avait malgré tout trouvé auparavant une âme masculine représentant à peu près son idéal, elle n'aurait aucunement balancé, oubliant l'éthique, à faire, avec son porteur, des fantaisies galantes reprochables.

Seulement cela ne s'était pas trouvé. Amande voulait un homme qui fût beau, mais non point de cette beauté méprisablement plastique qu'aiment les femmes en général. Il lui fallait une beauté lasse et un peu usée, une de ces beautés qui ressemblent à la rose d'automne dont parle d'Aubigné. Il fallait que l'homme restât pourtant robuste et assoupli aux sports, mais d'intelligence raffinée et même excessive en sus…

Et ce n'était pas encore tout.

Un tel amant aurait paru encore insuffisant à Amande, s'il ne s'était attesté expérimenté en femmes et expert à créer des pâmoisons. Amande eût même voulu qu'il fût un peu épuisé pour ne point tomber, comme cette chiffe d'Adalbret, en état de satiété tout de suite. Vicieux, cela va sans dire, et plus porté, ce qui est important, à jouir du plaisir donné que de celui éprouvé. Oh ! c'était un amoureux difficile à rencontrer ou du moins à reconnaître…

Ne l'ayant point trouvé, elle en choisirait sans doute un moins doué et moins entendu lorsqu'elle pourrait tenir son acte pour une juste vengeance, mais il fallait cette justification d'abord. Voilà pourquoi, ce mardi-là, elle fut joyeuse comme un pinson, dès le début du jour, et déjeuna avec une allégresse qui fit le plus fâcheux effet à son mari.

Car cet homme détestait tout ce qui témoigne chez autrui d'une quelconque forme de félicité. Il aimait à voir des faces malheureuses autour de lui.

Le repas pris, Adalbret certifia qu'il se rendait au Conseil d'Administration de *l'Éclaireur Sterling*, le fameux journal de finance supérieure où il était entré depuis peu. C'est là, en discutant des plus graves problèmes de la monnaie, qu'il prenait idée définitive de son intelligence et de son rôle dans la société. C'était aussi son excuse spontanée, lorsqu'il se rendait dans les quartiers de la périphérie, en quête de quelque idole de sa façon…

Et Adalbret sortit, tout fier du parfum infâme qu'il répandait. Il était assuré de séduire sans défaillance les plus ordurières beautés des coins excentriques de Paris. Mais derrière ses pas, sans qu'il s'en doutât, Amande se précipita et se mit à rire dans sa voiture, tandis que le taxi de son mari filait par-devant. Adalbret prit, ce jour-là, la précaution d'entrer d'abord dans quatre ou cinq bistros pour y boire un peu de tord-boyau. Cela lui permettrait peut-être d'acquérir les qualités qui lui faisaient défaut.

Bientôt il commença de voir trouble. Sa séduction croissait…

Et il s'achemina vers le quartier de la Goutte d'Or. Amande le suivait toujours, vêtue avec simplicité, et sans trop de bijoux, car elle prévoyait qu'il faudrait sans doute pénétrer dans des lieux privés de toute dignité. Les choses se passèrent d'ailleurs comme dit : Adalbret commença d'errer à travers les rues en cherchant une femme conforme à son désir.

Il présenta une bientôt. Elle semblait une otarie qui se serait fait couper les moustaches. Mais sans doute avait-elle ce jour-là droit au repos, car elle refusa de se commettre. Une autre, pareille à un énorme fromage de tête de cochon, ne fut pas plus exorable, mais la troisième était bonne. Celle-là avait, en vérité, l'aspect d'une ruine babylonienne et elle sourit de ses dernières dents.

XVI

Petit drame

Donc Adalbret suivit la femme pareille à un palais médique détruit sous Alexandre. Il la suivit d'un air tout émerillonné et plein d'espoirs attendris. Les voluptés prochaines lui passaient déjà en frissons galants dans les nerfs, et il se frottait les lèvres d'une langue sèche comme les mocassins d'un chef peau-rouge. C'est étrange — ici l'auteur entre pour quelques mots dans la pure morale — combien les hommes de bonne éducation ont souvent le goût de la vilenie en amour. Il y aurait beaucoup à dire à ce propos, mais passons !…

Et notre homme suivit enfin sa séduisante amie dans un hôtel des plus malpropres, lequel portait ce nom cocasse : Hôtel de la Truffe d'Or.

Lorsque le mari d'Amande eût versé le prix d'une consultation ou plutôt d'un court séjour dans la chambre n° 17 de l'Hôtel dont il s'agit, il s'engouffra en un escalier privé de tout confort, du moins quant au parfum, et pensa monter vers les cimes du bonheur.

Dans le fond de son âme, toutefois, la figure d'Amande veillait, entourée d'encens mystique, comme une icone du perpétuel secours…

Car, songeait-il, en suivant d'un pas haletant la femme pareille à l'arc de triomphe de Titus, est-il possible d'aimer sa femme comme on possède une prostituée ?

La beauté est chose estimable dans un musée ou sur les illustrations d'un ouvrage romanesque. Mais, dans la vie, lui demander plus c'est la déshonorer.

Tandis que certaines horreurs saisissantes sont d'une valeur infiniment excitante, et propres à émouvoir jusqu'aux fondements les esprits tendres et délicats comme se flattait de l'être le digne Adalbret.

Et il entra, en maniant ces idées abstraites, dans une sorte de gîte qui ne pouvait en rien être comparé à une chambre d'apparat du château de Versailles…

D'abord, on n'y voyait guère et le jour lui-même semblait avoir revêtu une robe crasseuse pour y pénétrer.

Mais, en sus, le papier des murs était plus pisseux que cela ne semblerait permis, la descente de lit montrait des grâces pareilles à celles d'un vieux sac à ciment usé, et le parquet semblait une route tracée au fond des forêts colombiennes, par ses ressauts et ses accidents.

Oh ! c'était un lieu où rien de l'amour ne pouvait paraître banal…

Nous ne parlons pas du lit, parce qu'il faudrait, pour le décrire, une plume épique. Il était grand comme le monde par sa misère pompeuse et son air de sortir d'un cachot de la Bastille. Il avait toutefois des ombres de draps et même une couverture datant de Charlemagne, voire même de Clovis. Sur le tout, comme un casque sur un blason, trônait un édredon rouge tout neuf, qui flambait de tout son écarlate comme un feu de la Saint-Jean… Adalbret, suffoqué par tant de noblesses, en resta sidéré un instant. Il avait, par pureté, le goût de cette crapule, mais vraiment jamais il n'avait rencontré un lieu aussi idéalement assorti à tous ses rêves et à tous ses désirs.

La femme le regarda, et, pour que la porte de cette demeure admirable pût rester close, y appuya la chaise. La serrure, en effet, pendait comme un vieux chiffon.

Ensuite elle demanda :

— Tu sais, je veux cent sous !

Adalbret la dévisageait avec admiration. Vraiment, elle manifestait dans toute sa pureté le type de la femme qui fut prospère sous le Directoire, et traversa sans défaillances autres que physiques un siècle de révolutions et d'aventures.

Et il dit d'un ton enthousiaste :

— Tiens, voilà dix francs !

La femme regarda d'un œil inquiet ce client généreux. Elle se méfiait, et cette offrande supérieure à la demande lui semblait louche à bien des égards…

Elle toisa d'un œil vairon le billet que rien ne disait faux, pourtant. Puis le mit dans son bas avec souci. C'est qu'il faut avoir l'habitude de tout comprendre dans ce métier…

Nous n'entrerons pas dans le détail des événements qui suivirent et durant le cours desquels le mari d'Amande manifesta à diverses reprises le plaisir que lui procurait une amoureuse de ce calibre et de cette dignité…

Au demeurant, cela ressembla à tant d'autres menus faits de même ordre qui adviennent tous les jours et dans tous les coins de Paris.

Nulle originalité, sauf de forme, et résultant en l'espèce de l'aspect plutôt ruineux de sa maîtresse du moment, ne caractérisa le comportement d'Adalbret.

Mais il advint une chose que certes il n'attendait pas.

Amande avait tout vu. Elle suivit son mari jusqu'à l'hôtel de la Truffe d'Or et attendit un petit moment pour laisser aux contingences le temps de prendre figure…

Ensuite elle se lança dans l'hôtel comme une bombe, et monta, sans rien demander à personne, l'escalier aux relents fâcheux. Elle pensait bien pouvoir découvrir seule le lieu où son époux s'ébattait avec la maritorne recrutée comme il a été dit. Elle ne se trompait aucunement.

Elle rencontra en effet une porte à demi croulante, s'approcha, poussa un rien, et vit Adalbret aux bras d'une Vénus quaternaire. Elle se mit à rire follement, et, poussant mieux, entra tranquillement.

La chaise-serrure tomba. Au bruit, les deux amants se tournèrent vers l'arrivant avec stupeur.

Ils virent Amande, qui se tordait de joie, et qui les interpella sans façons :

— Joli, oh !… joli !…

— Heu ! fit Adalbret figé net…

Amande riait toujours.

— Mes compliments, Adalbret.

Et, comme le couple ahuri la regardait sans bouger et sans rien dire, elle courut à la table bancale sur laquelle trônait un broc égueulé plein d'eau, le prit, puis vint le vider sur les amants ahuris.

— Tenez, mon cher époux, voyez comme on prend soin de vous…

Enfin, elle tira l'ombre de drap qui se déchira en poussant une plainte, jeta le pot après l'eau sur le lit, y ajouta la cuvette, et la chaise, puis se sauva en riant comme une folle, tandis que les coupables, au milieu de tous ces objets familiers, perdaient définitivement le sens des réalités.

TROISIÈME PARTIE

Lupanar

XVII

Amande se décide

Rentrée chez elle, la jeune femme, qui avait d'ailleurs traité son mari sans colère, se trouva pourtant irritée et dépourvue cette fois de son rire coutumier.

Comment se faisait-il que cet Adalbret, qu'elle avait pris, en se mariant avec lui, pour un homme de délicatesse moyenne, et dépourvu de tous grands vices, pût prendre du plaisir avec cette caricature recrutée dans une rue perdue du quartier de la Goutte d'Or ?

Question insoluble et agaçante, qui, sans être un tourment, faisait à la charmante Amande l'effet d'un soufflet et d'un sinapisme à la fois…

Et elle se demandait si ces vieilles moukères, dans leur disgrâce hideuse, n'ont pas des secrets, des procédés de séduction, des méthodes voluptuaires, enfin, dont les femmes honnêtes ignorent les techniques inavouables, et qui leur permettent de garder un pouvoir sur les hommes, malgré tant de raisons de les éloigner.

Amande réfléchissait :

Que faire désormais ?

Elle ne voulait vraiment plus vivre avec Adalbret.

Mais il ne voulait pas le divorce. Donc, pour le forcer à l'accepter, il faudrait du temps avec un tas de choses complexes qu'un avocat lui avait d'ailleurs indiquées. Autant dire que cela allait devenir une sorte de tourment quotidien pendant des mois et des mois. Alors elle ne savait comment agir. Ainsi que tous les êtres jeunes, elle craignait en effet l'écoulement du temps. Il lui semblait que les problèmes de l'existence, pour être supportables, dussent se résoudre en quelques heures, en quelques jours au plus.

L'idée d'attendre des ans la liberté qu'il lui fallait tout de suite apparaissait à Amande la pire des disgrâces.

Elle sortit pour réfléchir à l'aise en marchant.

Amande vit des femmes passer et repasser, qui vivaient de l'homme. Beaucoup étaient très belles et séduisantes. Elles attiraient aussi les regards par quelque chose de provocant dans le tracé de la croupe, dans l'offrande des seins ou le trait rouge et souple de la bouche.

Amande se disait : « Elles sont bien heureuses. »

Car elle ignorait les terreurs et les soucis quotidiens de ces prêtresses de la Vénus populaire. Elle ne pouvait deviner ni l'homme qui est derrière, et qui les tient pour son propre gagne-pain, ni les dangers judiciaires qui les guettent. Elle ignorait aussi les jours de famine et les labeurs sans gloire de la prostitution. Elle ne voyait que des femmes jolies et parées, qui allaient le torse cambré et l'air heureux parmi les hommes dont elles irritaient ainsi le désir. Elle croyait encore, avec un rien de naïveté, que les femmes doivent, avec l'homme, trouver en même temps que l'argent le plaisir qui lui restait ignoré, malgré son mariage, autant qu'à l'époque où elle ne connaissait pas un iota des choses du sexe.

Et elle se sentait propensée vers ce métier des courtisanes et vers les joies qu'il doit apporter. Cela se mêlait en sa pensée à un violent besoin de vengeance. Ah ! comment forcer Adalbret au divorce dont il ne voulait entendre parler ! Voilà pourquoi elle accueillit, avec moins de crainte que jadis, un homme qui marchant depuis un instant à son côté se décida à l'accoster.

C'était évidemment tout le contraire d'un homme du monde. Mais Amande était saturée des gens du monde. Celui-ci restait, avec sa face de bandit cuit sous tous les soleils, correct dans sa tenue et ses paroles. Il lui dit :

— Madame, permettez-moi de marcher un instant avec vous.

Elle répondit :

— Faites donc. Mais c'est bien peu…

Il riposta illico :

— Il vous faudrait un peu plus… déjà ?

Amande le regarda en riant :

— Il ne me faut rien du tout, mais j'aime la sincérité et qu'on dise tout de suite ce que l'on veut.

— Vous êtes hardie.

— Pas plus que cela. Je suis simple et sincère.

— Ah !… Eh bien, si je vous disais que je vous trouve charmante.

— Je le sais de reste, monsieur.

Il fut décontenancé :

— Et si je demandais un rendez-vous plus intime que celui-ci ?

— Faites ! vous verrez bien ce que je répondrai.

Il hésitait, se demandant dans quelle caste et quelle sorte d'âme classer cette femme insolente. Il se dit, soudain illuminé : « Ce doit être une bourgeoise qui veut faire la noce. Si je pouvais… »

Il questionna :

— Vous êtes de Paris, madame ?

— Oui. Mais Paris et moi ne sommes pas mariés ensemble.

— Vous… vous n'avez pas de bijoux… Une si jolie femme devrait en être couverte. Comment se fait-il ?

Elle se lança sur le chemin que l'homme lui ouvrait :

— Monsieur, je suis pauvre.

— Vous pourriez être vite riche, si cela vous plaisait.

Il jeta brutalement :

— L'Amour…

Elle sursauta, puis se reprit :

— Pourquoi non ?

Elle eut de côté, ce disant, un regard incisif en pensant : « Voyons où celui-là va me mener ».

Mais le gaillard hésitait encore un peu. Il continua prudemment :

— Vous n'êtes pas de mon avis ?

— Mon Dieu, je ne demande qu'à l'être.

— Eh bien ! laissez-vous guider par moi ?

— C'est facile à dire. Mais avez-vous des références ?

L'ironie faillit briser tout, à ce moment-là. Le personnage était de ceux qui prennent la vie au sérieux, et n'aiment pas du tout la moquerie qui met en acte des forces spirituelles supérieures à celles dont ils savent disposer.

Il eut ce mot :

— Je ne suis pas un bourgeois.

Amande se mit à rire.

— Alors qu'est-ce que vous êtes ? Un marchand de femmes ?

Elle aimait à prendre ainsi le commandement des conversations, de manière à surprendre autrui et à se débarrasser des vains préjugés de diplomatie qui sont de règle dans tous les milieux, ceux des bandits comme ceux du Faubourg Saint-Germain. C'est d'ailleurs pour cela qu'ils se ressemblent de si près, comme Balzac l'a fort bien vu.

XVIII

Révélations

Cependant, le personnage avait reçu sans sourciller la question embarrassante et il se demandait quelle réponse y faire.

Il se décida pour la sincérité. C'était un conseil souvent entendu par lui, dans les mastroquets où les grandes fripouilles se réunissent et délibèrent touchant leur activité : « Réponds selon la tendance de ton interlocuteur. »

L'interlocutrice, en cette minute, mettait bas toutes les pudeurs verbales et toutes les prudences de conversation. Il l'imiterait.

Il dit donc :

— Précisément, madame, je suis marchand de femmes. À votre service, si vous voulez !

Elle le stupéfia en répondant froidement :

— Je ne dis pas non…

Il reprit :

— Nous pourrions aller converser ailleurs.

— C'est mon avis.

— Tenez, voulez-vous ce petit café ?

— Non ! affirma froidement Amande, qui voulait en avoir le cœur net, et venait de décider qu'elle contrôlerait en quoi ces hommes qui font commerce des femmes sont supérieurs aux autres. Et elle reprit en regardant l'autre bien en face :

— Allons à l'hôtel, je vous prie !

Il est inhabituel de voir une femme inconnue vous faire une proposition pareille et si peu enveloppée. L'homme fut un peu stupéfié par une telle atteinte aux usages. Mais il suivit le train :

— Allons !

Ils furent, cinq minutes après, dans une chambre luxueuse, et s'assirent.

Chacun attendait de se conduire comme l'autre le rendrait nécessaire.

Amande, la première, d'un petit air détaché, dit avec douceur :

— Je vais me déshabiller.

— Oui ! commanda le « marchand de femmes » avec curiosité.

Elle le fit sans hâte et sans façons, sans pudeur aussi, malgré un peu de gêne intime qu'elle dominait.

Quand elle fut nue, elle se mit sur un fauteuil avec naturel.

— Serais-je bonne à vendre ? demanda-t-elle doucement.

— Assurément.

— Suis-je aussi bonne à prendre ?

— N'en doutez pas.

— Eh bien ! prenez-moi donc !

Il hésitait :

— Vous me stupéfiez un rien. Vous me demandez cela avec une tranquilité…

— Qui élimine toute idée de passion et de désir, n'est-ce pas ce que vous entendez ?

— Exactement.

— Eh bien, inspirez-moi donc cette passion. Je vous apporte ce que je possède, à vous de mettre le reste.

Il était tout à fait *assis* et se tut.

— Faut-il, questionna Amande avec hauteur, que je me rhabille.

— Non ! dit l'homme en se dévêtant à son tour. Mais je dois vous avouer n'avoir jamais trouvé personne qui vous ressemble.

— Je l'espère bien, nota Amande en riant.

— Ni personne qui unisse une si complète absence de chichis à une si totale maîtrise de soi.

— Mais, riposta Amande, qui commençait à se fâcher, cette maîtrise, je ne demande qu'à la perdre. Cela ne dépend pourtant pas de moi seule. Je me présente dans ce costume… absent, pour vous inciter à faire le nécessaire.

— Je ne sais si je parviendrai…

— Essayez ! Je suis plus naïve que vous ne pensez.

— Voyons cela…

Il l'avait étreinte et la caressait avec une évidente habileté, à laquelle Amande fut tout de suite sensible.

Il la vit fermer les yeux et frissonner.

Et il pensa qu'en effet cette petite femme charmante devait être bien plus ingénue que sa conversation ne le manifestait. Cependant leur intimité devenait plus profonde. Amande, qui ne désirait que de connaître les délices de la volupté, tendait toutes les forces de son être pour les percevoir, pour les deviner, pour les attirer.

Et ce bon vouloir violent, cette passion crispée, non pour l'amour, mais pour les fièvres qu'il pourrait contenir, firent sur cet homme habitué à des transports moins sincères, l'effet d'un aphrodisiaque.

Il pensa :

« Elle est exquise cette inconnue, et il faut que je la récompense de son naturel. »

Il usa des méthodes que son expérience et l'expérience millénaire des manieurs de femmes ont prouvées aptes à secouer les systèmes nerveux.

Amande se pâma comme si la foudre l'avait frappée. Amusé et curieux, l'amant mettait en acte toutes les rouerises de la science d'Eros. Cela agissait sur la jeune femme avec une force inattendue, comme si c'était là autant de choses nouvelles dont elle n'eût jamais entendu parler.

Bientôt, Amande se sentit pareille à un chiffon de chair que le plaisir secouait comme l'onde secoue un fétu. Elle entrait sans cesse dans des paradis nouveaux qui dépassaient en splendeur et en délicatesse tout ce qu'elle avait rêvé.

Elle dit :

— Ah, mon ami, vous êtes prodigieux.

Il fut encore un peu ahuri de cette parole, qui coïncidait si mal avec les mots habituels des femmes heureuses.

Et il répliqua :

— Comment vous nommez-vous ?

— Je suis Amande.

— Et bien, Amande, vous êtes la plus étonnante femme que j'aie connue de ma vie...

Et il ajouta à mi-voix :

— J'en ai pourtant connu beaucoup.

Elle eut un sourire, sans ouvrir ses yeux, car il lui semblait connaître mieux les délices de sa chair en restant les regards clos :

— C'est vrai cela ?

— Oui, vous vibrez comme un violon.

La comparaison plut à Amande.

— C'est un reproche ?

— Pas du tout. Je vous aime infiniment : belle, spirituelle, ardente et sincère, mais vous êtes plus extraordinaire que tout.

— Tant mieux. Et vous êtes un amant parfait.

Ils s'embrassèrent, heureux tous deux.

XIX

Bonheur

Amande était heureuse en vérité. Ce qui peut se nommer heureuse. Elle venait de toucher à certaines cimes de félicité que la tradition de mensonge et d'hypocrisie nie, ou situe, loin de la vie normale, au centre des vices, de l'horreur et de la perversité. Il lui apparaissait toutefois à cette heure que beaucoup de tromperie fût indispensable pour faire croire que le plaisir d'amour soit réellement une tare.

Amande se sentait saine de corps, de cœur et d'intelligence, et sa certitude n'était point illusoire.

Elle pouvait donc juger sans apprêt une série de faits que tant de grossières mystiques ont déformés.

L'amour se présentait à elle dans sa nature et sa simplicité. Et, de se voir repue sans perdre rien de son cher « moi », de percevoir sans erreur que sa santé morale et physique était sans doute meilleure en ce moment que naguère, avant la révélation du plaisir, elle devinait l'imposture de tous ceux pour qui la volupté est immonde.

Mieux encore, de connaître que son esprit raisonnait toujours bien, lucidement et rapidement, elle connaissait la reconnaissance due au créateur de ce bonheur sensible et intellectuel.

Elle dit sincèrement à l'homme.

— Merci, mon ami !

Il resta une fois de plus éberlué de cette façon de vivre qui ne ressemblait à aucune de celles dont les femmes qu'il avait eues le gavaient depuis longtemps.

Faute de réponse, il sourit.

Amande reprit :

— Vous m'avez procuré bien de la joie.

— J'ai fait de mon mieux, fit modestement l'homme.

Elle hocha la tête mélancoliquement :

— Dommage que ce soit si tôt fait, et terminé…

Il dit avec un rien de raillerie.

— Vous êtes une petite gourmande.

— Qui me le reprochera ? répondit en riant Amande.

— Personne, évidemment, approuva le partenaire qui tentait à nouveau d'employer les ressources de son art amoureux.

Amande se défendit :

— Non, c'est assez, laissez-moi !

— Mais puisque ce vous est tant agréable, Permettez-moi d'ajouter un post-scriptum à cet agrément.

Amande s'abandonna :

— C'est que je crains, vraiment…

— Quoi donc ? demanda l'autre.

Elle hésita à avouer et fut prise d'une pudeur inattendue.

— Dites ce que vous craignez ?

— D'aimer cela à tel point que je ne puisse plus m'en passer.

L'homme se mit à rire :

— C'est vrai, il faut beaucoup de volonté ensuite pour rester privé de ces délices.

Amande ne disait plus rien, les yeux clos et les dents serrées, elle condensait toute sa sensibilité pour percevoir, avec le plus d'acuité et de délicatesse possibles, les jets de feu qui parcouraient ses vertèbres et des organes inconnus, sis au tréfond de son corps, et qui vibraient comme des cloches.

— Oh ! fit-elle je voudrais mourir.

— Trop tôt ! ricana l'amant.

Elle frissonna :

— Ce serait un moyen si exquis de passer de ce monde dans l'autre.

— Attention ! répondit le personnage, tout le monde voudrait se suicider.

— Suicide ou non, puisqu'il faut y venir, ce serait au moins une mort douce, c'est la plus belle invention que les hommes puissent rêver pour quitter leur destin de chair.

— La vie douce n'est-elle pas préférable ?

Mais Amande n'ajouta plus rien, car elle voyait bien que son amoureux, si habile qu'il fût à la faire trembler de délices, restait privé de facultés métaphysiques, et incapable de réaliser, dans toute sa splendeur, l'idée d'une jouissance qui serait tangente à la mort.

Étendue, déclose et nue, les joues fardées de plaisir et le corps moulu d'immobilité frémissante, Amande, en ce moment, était vraiment belle et dépassait même le peu que nous avons accoutumé de désigner sous le nom de beauté.

L'homme y fut sensible, et il le dit :

— Ce que vous êtes excitante !

Elle se perdit une seconde dans les abîmes de ce mot spontané. Elle était excitante… Et pourtant son époux Adalbret la délaissait pour aller suivre des *pouffiasses* abominables, le déchet de Paris. Là seulement il se sentait à son niveau, sans doute, de sensibilité et d'esthétique…

Et Amande demanda :

— Que pensez-vous de ceux que je n'excite pas ?

L'autre fit un signe négatif très formel :

— Il n'y en a pas.

— Si ! j'en connais au moins un.

— C'est un fou ou il vous aime trop. Tenez, moi, dont c'est presque le métier de rester de glace, je ne puis me retenir de vous revenir.

Et il s'adonna de nouveau au corps d'Amande…

Elle faillit s'évanouir :

— Mon cher, mon cher, je vais rester là comme un paquet sans pouvoir me lever.

Il murmura :

— Vous ne sauriez croire à quel point cela me flatterait.

Amande rit :

— Mais on serait obligé de m'emballer pour me réexpédier chez moi en colis postal parisien…

Il ne répondit point, occupé à émouvoir une fois de plus sa proie, et cherchant les postes de commandement de cette sensibilité irritante. Et ce fut à nouveau un tourbillon qui enroula Amande dans des flots de voluptueuse douceur.

— Assez, assez ! dit-elle, je vais mourir…

— De la petite mort, affirma l'homme. On en revient mieux portant…

Et brusquement :

— Si vous voulez, tous les jours, connaître cette joie, je puis faire en sorte que ce soit, dès demain, votre sort.

Elle demanda avec un frisson de crainte.

— Mais comment ?

— Acceptez-vous ?

— Oui !

— N'importe comment ?

— J'ai dit oui.

XX

Chez Mouste

Le premier amant d'Amande avait admirablement réussi à émouvoir les sens de cette jeune femme que son mari délaissait pour des filles de la zone. Il en acquit dans l'esprit curieux de la jeune femme infiniment d'autorité.

Aussi, lorsqu'il proposa à la femme d'Adalbret de Baverne d'Arnet d'entrer dans la maison de rendez-vous de Mouste, rue d'Ecbatane, elle approuva avec des battements de mains enfantins.

La vérité, c'est qu'elle y voyait, outre la possibilité de renouveler perpétuellement les affres du plaisir, la chance amusante et d'autant plus exquise de berner et de cocufier son mari à cornes que veux-tu.

Et elle se disait :

« Ah ! il ne veut pas divorcer… Eh bien je dirai à tous mes amants qui je suis. Et ils le rediront, j'espère. De la sorte, tout le monde saura bientôt que Mme la baronne de Baverne d'Arnet est en maison de prostitution.

« Si cela ne leur fait pas admettre le divorce, je veux bien être pendue haut et court… »

Or le divorce, pour elle, c'était en somme la porte du paradis.

Il est entendu que l'aventure pouvait déplaire beaucoup au père d'Amande, mais elle n'en avait plus cure. Il venait de profiter de l'ignorance de sa fille pour la colloquer à un individu qui ne connaissait, de femmes, que les plus hideuses. Il fallait agir sans se préoccuper de cet écrivain dont l'égoïsme ne méritait aucun ménagement.

Et Amande en prit son parti avant de quitter la chambre, où le plaisir l'avait tour à tour assommée, foudroyée et torturée. Elle resta un moment sur le lit, témoin de sa défaillance charnelle et de ses premières extases amoureuses, tandis que tout joyeux de l'acceptation de sa victime, l'amant courait en hâte rue d'Ecbatane chez Mme Mouste.

Là, si la femme en valait le prix, on lui promit deux billets de mille une fois examen passé de cette merveille qu'il annonçait.

Il avait pris rendez-vous avec Amande pour le lendemain. Elle y fut un peu en retard à cause d'une délicieuse lassitude de ses reins.

On prit un taxi et on alla chez Mouste. Cette personnalité importante du Tout-Paris occupait un bel appartement de quinze pièces dans la rue d'Ecbatane, face à la statue de l'amiral Le Kelpudubec, le héros de la conquête aléoute, celui qui creusa aussi le canal qui fait communiquer par mer la Guadeloupe et la Martinique…

C'est, cette rue d'Ecbatane, un des endroits les plus peuplés de Paris, et des plus mondains.

Mme Mouste était une femme forte, aux seins importants comme un traité d'atomistique, couverte de bijoux solaires, et qui parlait, en maniant un face-à-main d'or, d'une voix languissante et pâmée.

Elle demanda à Amande :

— Vous êtes toute jeune, madame ?

— En effet, le retour d'âge ne me menace pas. Demain j'ai vingt ans.

— Des papiers d'identité ?

— Oui, certainement je ferai faire, si c'est utile, un acte notarié. La grosse dame se mit à rire :

— Elle est plaisante.

— N'est-ce pas utile ici, de plaire ?

— Et vous voudriez…

— Mon Dieu, oui !

— Vous êtes docile et obéissante ?

— Pas du tout.

Mme Mouste se mit à rire encore.

— Vous le deviendrez…

— J'espère que non. Mais je suis très maîtresse de moi, sauf, lorsque…

— Lorsque ?

— Lorsque je perds le commandement de mes sens…

— Ah ! cela vous arrive ?

— Cela m'est arrivé une fois, ou plutôt un seul jour, mais j'espère que cela se renouvellera. C'est une des raisons qui m'amènent ici…

— Elle est drôle, dit Mme Mouste avec indulgence.

Et avec autorité :

— Déshabillez-vous.

Désireuse de prouver que la vergogne n'était pas son vice, et qu'elle savait parfois obéir sans murmure, Amande quitta en un tour de main sa robe et sa combinaison. C'était tout ce que son corps portait à cette heure, plus une sorte de ceinture qui lui caparaçonnait le ventre, et tenait les jarretelles de ses bas, d'un rose exquis, tendre et fané.

Mme Mouste regarda cette forme de chair pleine et sans défaillance. Elle pensa :

« Elle vaut bien les deux billets promis. Cette petite fera de l'or. »

Et à voix haute :

— C'est naturel, ce petit signe sur la cuisse ?

— Madame, dit Amande, tout est naturel en moi. Je ne sais pas s'il en est pour se faire de faux naevi en des lieux pareils, mais ce ne sera jamais mon fort. Je me crois présentable telle que je parais, sans ornements adventices.

— Ah ! vous appelez ça des « naevi ».

— Mais oui. C'est le nom scientifique.

— Vous êtes instruite ?

— Sans doute, mention bien au bachot lettres philo. Je tiens le coup, quoi…

Mme Mouste continua d'admirer ce corps plein et renflé. Les seins étaient hauts et écartés, sur une poitrine que les sports avaient bien placée et gonflée. La ligne des épaules apparaissait chargée de courbes entrelacées et harmonieuses. Le torse s'effilait vers la taille. Il marquait les muscles partout. Les hanches s'élargissaient avec une forte douceur. Cela faisait, en quelque sorte, l'épanouissement d'un écu de blason ovalaire. Et les jambes apparaissaient, comme deux belles colonnes, pour soutenir cette architecture de muscles, sans défauts et sans fléchissements.

Une ombre fine et roussâtre ornait l'angle des aines. Amande, sûre d'être belle, se tenait droite avec un sourire de triomphe.

Mme Mouste, qui avait parfois des goûts pervertis, pensait : « Voilà une enfant par qui j'aimerais à être adorée ».

Mais l'intérêt lui dicta de rester froide, car, trop intime, cette jolie femme aurait jeté quelque trouble dans la comptabilité de la maison.

XXI

Des surprises

Amande fut donc enrôlée, à la maison de Mme Mouste, pour être la jeune femme de bonne bourgeoisie que des déboires et la difficulté de boucler son budget jettent dans les maisons où l'on vend du plaisir aux hommes.

Et ce rôle de principe assumé, elle se tint dans un petit salon avec une autre ingénue, en attendant la clientèle...

Sa compagne du moment était très authentiquement ce qu'elle disait d'elle-même. Femme d'un petit bonhomme méfiant, qui tenait une boutique sur les boulevards, elle se trouvait, quoique la situation de fortune du mari fut remarquable, en nécessité de payer de son corps toutes les fanfreluches qu'il lui plaisait d'acquérir. Son époux ne voulait, en effet, ni la voir dans sa demeure commerciale, où il trônait comme un dieu, ni lui verser plus que des sommes dérisoires pour se vêtir et parer leur appartement.

Au demeurant, il ne lui demandait jamais d'explications sur ses actes et la laissait absolument libre de mener sa barque selon son gré. Il est probable, quoiqu'il n'en dît rien, que les frasques de sa femme lui fussent agréables, si elles se manifestaient productrices. Marchand pur, il voyait intelligence et vertu partout où il y avait négoce à bénéfice…

Sa femme profitait donc de la liberté accordée pour fréquenter, au titre de fournisseuse de passions diverses, les maisons de rendez-vous.

Au demeurant, cette femme avait beaucoup de morgue et la certitude de sa supériorité en tout. Elle parlait de ses amants comme de gens qui risqueraient la hart et la roue pour accourir lui porter et de l'or et du plaisir.

Mais ce plaisir, elle avouait le réserver, selon les lois morales les plus strictes, à son seul mari.

À ses questions, Amande répondit en inventant divers mensonges sur sa propre vie, car la vérité lui semblait, avec juste titre, devoir paraître bien fâcheuse.

Et lorsqu'on la crut femme d'un officier supérieur, fille d'un amiral et en proie à des jalousies inextinguibles, tout le monde fut satisfait…

Car elle commençait d'hésiter à dire brutalement sa pensée, non par pudeur, certes, mais parce qu'il lui semblait bien que la vérité est de valeur morale négative, dans un monde où personne ne croit autrui et où tout le monde ment…

Et voilà qu'on sonna chez Mme Mouste. C'était un vieillard plein de la plus ténébreuse sottise, mais d'une sordide avarice. Il demanda à la patronne du lieu si elle avait une oiselle de nouveau style.

— J'ai ce qui vous faut, monsieur le duc !

Car le personnage, dans la réalité marchand de chiffons en gros, voulait essentiellement être nommé « monsieur le duc » dans les maisons de passe.

— Faites voir !

— Venez dans le salon à côté, là, je vais vous la montrer. Il entra, et Amande fut avertie d'avoir à passer d'un air élégant et galant devant le visiteur.

— Souriez, lui dit Mme Mouste.

Amande se sentit, à son début, un rien émue. Elle ouvrit la porte avec souci, puis entra là où le macrobite attendait, et, marchant simplement, s'en alla sortir à l'autre bout de la pièce.

Elle vit sans le regarder un vieux bougre édenté et fumeux, avec des yeux fibrillés de sang et des mains légèrement tremblantes, qui la contemplait avec un air féroce. Sitôt qu'elle fut dehors, Mme Mouste la remplaça près du marchand de chiffons.

— Eh bien ! qu'en dites-vous ?

— Elle n'a pas du tout l'air vicieux.

— Vous ne vous y connaissez pas assez bien. Cette petite est le chef-d'œuvre de la lubricité.

— Combien sera-ce ?

— Oh ! bien plus cher que toutes autres…

— Non, alors ! chaque fois que je viens chez vous le prix augmente, comme si vous le faisiez exprès.

Mme Mouste, qui connaissait son client, le regarda avec un demi-sourire et dit :

— Cette enfant est la femme d'un baron on ne peut plus authentique, riche et important. Elle est la fille d'un grand écrivain…

— Vous vous moquez de moi…

— Pas du tout. Elle ne sait même pas que je connais tout ce qui la concerne et me tient pour dupe de ses petits mensonges, mais vous devez bien savoir que nous autres…

Elle se mit à rire, en tenant, pour ne pas l'ébranler, sa gorge à deux mains…

— Nous autres sommes outillés pour pénétrer les secrets d'autrui.

— Alors pourquoi est-elle ici si elle n'a besoin que de rien.

— Pour le vice et pour le plaisir, dit victorieusement Mme Mouste.

— Le plaisir, murmura sentencieusement le vieux type, mais en ce cas réservez-la à un jeune homme, moi, vous savez…

— Si vous voulez. Mais ne venez plus me demander de vous fournir des femmes étonnantes. La première que je trouve vous fait donc peur ?

— Peur, non pas, seulement vous la mettez sur un socle.

— C'est qu'elle le mérite.

— Allons, combien ?

— Deux mille cinq !

— C'est trop cher.

— N'en parlons plus.

Le bonhomme se mit à réfléchir.

— Quinze cents pour vous, et vous la paierez, moi je ne lui donne rien.

— Non, certes ! J'ai des frais. Elle me coûte un prix fou, cette petite-là. Vous ne semblez pas vous douter que j'ai donné deux billets de mille à l'homme qui me l'a amenée.

— Joli métier que vous faites ! répondit le marchand de chiffons, que la morale, subitement, hantait sans qu'on pût deviner pour quelle raison. Mais c'était certainement la question du prix…

— Allons ! je vous rembourse vos deux mille si vous voulez ?

— Non deux mille trois, si vous voulez. Je ne vais pas au delà. Si elle me quitte après cette aventure, j'en serai de ma poche.

— Deux mille deux ?

— Allons, puisqu'il faut passer par où vous voulez.

Et Mme Mouste tendit la main.

Le macrobite tira son portefeuille en rechignant et versa l'honoraire voulu…

XXII

De bons débuts

Amande entra dans la chambre où se tenait le bon vieux tout émerillonné, depuis surtout qu'il avait payé et qu'il tenait à se rembourser, en lascivetés savantes autant que méthodiques.

Elle était émue en vérité et se disait :

« C'est curieux comme ce vieux me répugne. »

Dès qu'elle eut fermé la porte, l'autre dit :

— Venez ici, ma chère enfant !

Elle s'approcha.

— Asseyez-vous sur mes genoux.

Amande s'attendait à une scène amoureuse prompte et sans complications.

Cependant il ne fallait pas rechigner dès les premiers pas. La vie, en tous ses jeux, comporte un mélange de soucis et de joies qu'il est à peu près impossible de séparer. Il faut les prendre ensemble, et ils sont d'ailleurs gordiennement mêlés. Elle s'assit donc, précautionneusement, sur les genoux du birbe. Il dit :

— Tu es gentille !

Elle ne répondit rien, ne voyant rien à dire et sourit seulement.

Mais l'autre aimait les femmes qui parlent. Il demanda, avec un peu de colère commençante :

— Tu ne réponds rien.

Elle murmura tranquillement.

— Je sais bien que je suis jolie. Je n'ai rien fait pour ça, mais puisque c'est acquis, cela m'est agréable.

— Ah ! fit l'homme, tu te fiche donc que je te le dise.

— Mais non. Seulement il n'y a pas de quoi pavoiser.

Il sentait une fureur sourde naître en lui et reprit :

— Déshabille-toi !

Elle se leva.

— Pardon, monsieur !

Car elle avait marché sur le pied du vieux, qui avait la disgrâce d'étaler des chaussures d'un calibre surhumain, du cent trente au moins...

Il répondit avec quelque morgue ridicule :

— Appelle-moi Monsieur le duc !

Amande le regarda d'un air surpris. Avait-elle le malheur de tomber du baron de Baverne d'Arnet sur un duc ? Alors il lui serait, même en faisant la noce, impossible de sortir de l'armorial. C'était une disgrâce amère...

Et elle demanda étourdiment :

— Duc, vraiment, monsieur, vous êtes duc, mais de quelle branche, car j'en connais quelques-uns ?

Il rougit et riposta avec véhémence :

— Mêle-toi de ce qui te regarde ! Tu as assez à faire ici, avec ton outillage de femme, sans t'occuper encore des autres, et de choses qui sortent de ta compétence.

Mais Amande n'aimait pas les gens qui répondent comme des butors lorsqu'on leur adresse la parole poliment.

Elle haussa un peu le ton en se dévêtant :

— Monsieur, je suis polie avec vous.

Le vieux bougre éclata :

— Je ne te demande pas d'être polie, je me fiche que tu le sois. Je ne viens pas ici prendre de leçons. Approche-toi plutôt ici ! Amande le regarda de haut. Elle venait de quitter sa robe et se tenait debout, dans sa combinaison de satin crème fort collante, qui mettait en valeur la cambrure de son torse, la rigueur de ses formes et la noblesse d'un corps qui visiblement avait connu jusqu'ici d'autres jeux que ceux des maisons d'amour.

Elle se mit à rire :

— Si vous n'êtes pas duc, comme c'est trop visible, fit-elle doucement, vous devriez au moins sauvegarder les apparences et ne pas parler comme un marchand de chiffons.

Il s'élança sur elle en grinçant des dents :

— Petite misérable, les chiffons sont aussi nobles que toi.

— Tiens, riposta Amande, sans le vouloir j'ai peut-être dit votre vrai métier.

Et elle s'assit sur le bord du lit pour rire à l'aise.

— Quitte ta combinaison, cria le faux duc en s'élançant sur elle comme un vieux fauve fourbu.

Elle l'écarta :

— Hé, monsieur ! parlez donc avec moins de rage et quelque gentillesse courtoise. Sinon vous n'aurez rien du tout de moi.

— J'ai payé assez cher ! je t'aurai.

— Si je veux ! fit Amande.

Le vieux crut avoir une crise de nerfs et ses mains se mirent à trembler.

— Ah ça ! mais c'est la première fois que dans cette boîte je trouve une insolente comme toi. Tu me le paieras.

Amande commençait à s'impatienter.

— Monsieur, je vous prie de ne plus me parler sur ce ton grossier et furieux. Je vous dis ce que j'ai à dire, sans façons, et je vous avertis que si vous insistez, je remets ma jupe et m'en vais.

Jamais le vieillard n'avait vu ça. Une femme de maison de rendez-vous qui menace son partenaire de le laisser *en frime* alors qu'il a versé des sommes exorbitantes pour être mis en face d'une amazone rarissime et prête à tout offrir ou subir…

— Je te ferai arrêter par la police.

Amande eut un accès de gaité.

— Vous êtes fou, monsieur.

— Tu oses me parler sur ce ton, toi, une fille de rien ?

Amande, toujours assise, haussa les épaules.

— Comme représentant de la vertu, je vous retiens…

Le vieux se jeta sur elle pour la calotter. Mais Amande avait fait du sport et savait toutes les esquives. Elle s'effaça et le poing du bonhomme rencontra le vide. Il faillit même, emporté par son élan, tomber sur le tapis.

Ce fut la jeune femme qui le retint.

— Hé, là ! attention de ne pas vous casser une patte.

Sans égards pour le service qu'elle lui rendait, il récidiva et de nouveau sa main vint pour frapper la figure rieuse qui lui semblait de plus en plus insultante.

Mais Amande fléchit sur les jarrets, et, d'un revers des doigts effleura en manière de représailles le masque congestionné du marchand de chiffons.

Il parvint pourtant à la saisir par sa combinaison et tira. Le frêle tissu se déchira, mais ce fut toute sa victoire avec une claque destinée à la figure, mais qui vint mourir sur le dos de la victime amusée.

— Vos coups sont des caresses ! dit Amande ironiquement.

Elle venait de prendre sa robe, et tournait, poursuivie par l'homme, pour remettre ce vêtement nécessaire afin de s'enfuir. Le vieux la criblait d'injures ordurières en un pâle argot des faubourgs. Elle riait toujours et put enfiler sa jupe entre deux fauteuils.

Puis elle se précipita dehors.

XXIII

Nouvelles expériences

Amande traversa le vestibule devant Mme Mouste, assise dans son bureau, et qui regardait devant elle en rêvant à des choses printanières.

Elle se leva précipitamment, pour se mettre devant la jeune femme, qui s'en allait au pas relevé. Mais ce fut en vain. L'agilité de celle qui fuyait le faux duc obscène et mal embouché eut raison des lenteurs massives habituelles à la tenancière. Celle-ci ne put donc faire mieux que de se trouver face à face avec le vieux type écarlate, qui hurlait.

— Arrêtez-là !…

— Taisez-vous ! dit Mme Mouste irritée. Où vous croyez-vous, pour pousser de pareils hurlements ?

— Je me crois où je suis, au bordel…

La patronne du lieu eut un sourire négligent.

— Décidément, fit-elle d'un filet de voix aigu, vous ne pourrez jamais passer pour un vrai duc…

— Elle me l'a dit aussi, cria le bonhomme avec une grimace de pendu. Je crois que vous vous entendez toutes deux pour me flouer.

— Monsieur, riposta Mme Mouste avec autorité, assez de scandale ! C'est ici une maison sérieuse, et je vous prie de vous en aller si vous ne voulez pas parler honnêtement.

— M'en aller ? Lorsque vous m'aurez rendu mes deux mille deux cents francs…

La dame eut un sourire léger.

— N'y comptez pas !

— Mais je n'ai rien fait. Elle a refusé, et vous l'avez vue fuir à l'instant. C'est une petite catin, une coquine et une voleuse. Je dirai même que c'est peut-être pire. Qui sait si ce n'est pas une honnête femme ?

— Eh bien ! c'est justement ce que vous me demandez, lorsque vous venez me voir : des femmes honnêtes. Je vous ai fourni l'article. De quoi vous plaindriez-vous ?

Douché, l'autre roula des yeux furibonds. Mme Mouste, en personne qui connaît ses gens et sait les mener à la baguette, remarqua alors :

— Vous êtes visiblement en colère, monsieur le duc, et cela trouble vos raisonnements. Je vais, pour vous calmer, vous mener à la gosse Minetou. Vous savez celle que je veux dire.

Ensuite, nous parlerons avec plus de quiétude.

— Où est Minetou ? demanda le vieux.

— Attendez, c'est trois cents, vous savez le prix ?

— Mais j'ai payé.

— Que puis-je y faire, si vos façons ont paru un peu brutales à cette enfant. Vous auriez dû agir en vrai homme du monde et la caresser…

— Voilà les trois cents, grogna l'autre. Amenez-moi Minetou.

Et il rentra dans la chambre qui gardait l'odeur de la douce Amande.

Il aboyait tout bas :

— Si je la retrouve, celle-là, je lui ferai rembourser mes deux billets. Ah ! quelle fessée !…

Pendant ce temps, Amande fuyait toujours. Elle craignait un peu d'être poursuivie. Sitôt, donc, les escaliers descendus, elle prit la rue à gauche, puis les rues de croisements avec une prestesse de coureuse professionnelle. Lorsque le souffle commença de lui manquer, elle ralentit seulement.

— Ah ! j'ai soif.

Et voyant un bar, juste au coin de la rue des Egnaulés et de l'avenue du Pante-Refait, elle entra sans plus de façons :

— Monsieur, donnez-moi un Gin-Fizz !

Le garçon la regarda avec une stupeur parfaite.

— Madame ?

— Eh bien ?

— Nous ne tenons pas cette consommation-là.

— Alors, un petit cocktail, un Manhattan.

— Mais, madame, le patron nous a défendu de vendre cette liqueur aussi.

— Pourquoi donc ?

— Parce que…

Le pauvre type cherchait une explication rationnelle et se tut.

Alors Amande dit avec simplicité :

— Donnez-moi un bock. Vous tenez la bière ?

— Oui, madame, voilà !

Elle but avec lenteur le liquide froid et mousseux, pensant qu'en somme c'était bien meilleur et plus désaltérant que les alcools compliqués qu'elle avait demandés au début.

« C'est, pensait-elle, une leçon de délicatesse que me donne ce garçon. On ne doit pas se faire remarquer en demandant des produits exotiques pour souleries américaines, dans un bar où fréquente le bon peuple de Paris. »

Amande allait payer, lorsque, derrière elle, une voix légère tinta. Une main molle et insistante passait en même temps sur son épaule, puis descendait, frôlait son sein droit, et continuait une sorte de palper jusqu'à la croupe.

Elle se retourna brusquement.

Devant elle se tenait une femme sur la quarantaine, sévèrement vêtue, à la face dure, qui lui sourit de son mieux.

Amande répondit à ce sourire par un léger salut, et sortit son porte-monnaie.

— Madame, madame ?...

— Eh bien ! madame, que me voulez-vous ?

— Je vais vous le dire. Voulez-vous que nous sortions ensemble ?

— Oui, volontiers !

Quand elles furent dehors, la femme passa sans gêne son bras sous celui d'Amande, et lui chuchota à l'oreille :

— Vous n'êtes pas contente de Mme Mouste, hein ?

— Je n'ai rien à lui reprocher, fit Amande, en riant au souvenir du faux duc furieux et hurlant.

— Je vous ai vue pourtant, tout à l'heure, vous sauver de chez elle...

— Tiens, comment le savez-vous ?

— Voilà : nous sommes une maison concurrente, vous ne devez ignorer cela : Nana Dhousse ?

— Ma foi non ! je dois vous dire connaître peu ce genre de commerce.

— Ah bon ! Tant mieux. Eh bien, on vous a vue lorsque vous êtes arrivée, puis quand vous êtes descendue si vite. Alors, j'ai couru pour vous retrouver.

— Et dans quel but ?

— Oh ! madame, vous savez, chez nous ce n'est pas comme chez Mouste. Il n'y vient que des gens du vrai monde et on n'a jamais à se plaindre, femmes et clients.

— Et vous me proposez d'y aller ?

— Si cela vous plaît.

— Allons toujours voir ! répondit Amande, éclatant d'un rire amusé.

XXIV

Nana Dhousse

La maison de Nana Dhousse ne ressemblait point du tout à celle de Mme Mouste. Son air apparaissait moins embourgeoisé et plus moderne. On y avait spontanément envie de rire, tandis que les décors Restauration de la maison en face incitaient plutôt à faire sinistrement de la tapisserie, ou à filer la laine en murmurant des chansons de Béranger.

Chez Nana, tout était cubiste et polychromé violemment. Les lits étalaient un art surréaliste qui amusait d'avance la victime, et désarmait, de ce seul chef, les dernières pudeurs. Les petites toiles ornant les murs étaient allègres dans leur incompréhensibilité profonde, et tout inspirait la bonne humeur, y compris la groomesse qui semblait un petit garçon trop frisé. Elle portait un uniforme du dernier galant, dont la veste était moitié rouge et moitié verte, dolman à droite, et redingote à gauche. Quant au pantalon, dont une jambe était collante et dont l'autre charlestonnait, il étalait à dextre un jaune agressif et à senestre un bleu tout à fait céruléen.

Amande se sentit, en pénétrant dans cette demeure, une vaste envie de pouffer, qui se renouvelait sans répit. C'était vraiment exquis. Elle pensa : « Je vais essayer ce gîte. Si les amants y sont assortis au décor, on ne doit pas manquer de s'y divertir. »

La patronne entrait à ce moment-là.

C'était une femme quadragénaire, et qui restait belle dans un embonpoint probablement professionnel. Elle avait les cheveux coupés ras, des lunettes en écaille blonde, une robe décolletée qui montrait sa poitrine, ferme comme la Garde impériale, et une jupe si courte qu'on craignait pour les bonnes mœurs de ses amis.

Avec cela, cette femme gardait un air vraiment décent et mondain, soutenu par une belle voix harmonieuse et lente.

Elle dit :

— Madame, vous êtes trop jolie pour être heureuse, c'est-à-dire honnête.

— Ma foi, répondit Amande, l'honnêteté ne me déplaît pas.

— Vous êtes bien faite, je le vois ?

— Désirez-vous mieux vérifier.

— Volontiers, la contemplation d'un beau corps est chose douce au cœur.

Amande se mit nue en un tournemain.

— Hé ! fit Nana Dhousse, vous savez vous dévêtir.

— Oh ! riposta la jeune femme, j'ai pris des leçons.

Nana se mit à rire :

— Vous avez la réplique facile.

— Il faut bien. Le temps est mesuré, et la réplique qui attend court risque de n'arriver jamais.

— Voulez-vous que je vous mette en présence de…

— De, s'il vous plaît ?

Nana Dhousse hésitait un peu :

— Rhabillez-vous. Il faudra carminer un peu vos seins et vos oreilles, vos hanches et vos genoux. Une femme doit porter en ces lieux choisis quelques taches rosées un peu claires qui créent des valeurs plus plaisantes pour le reste du corps. Vous l'avez un peu brun. Je crains que vous ne soyez allée vous rôtir, voici peu, au bord de la mer ?

— On ne peut rien vous cacher, madame ?

— Oui. Alors, dans les appartements, avec le jour pauvre et diffusé, ce brunissement d'insolation est terne et froid. Il faut le relever çà et là de pourpre clair. Je vous donnerai des conseils lorsque nous en aurons délibéré avec M. Baghadgita.

— Le peintre ? fit Amande étonnée.

— Certes ! c'est notre conseil esthétique. Il fera votre portrait et vous aurez ensuite à vous farder selon les nuances qu'il aura lui-même choisies pour mettre votre couleur de peau et la forme de votre corps en relief.

— C'est admirable ! dit Amande éberluée.

— Oh ! Bhagadgita est un grand artiste, continua Nana Dhousse. Il est le conseil de toutes les dames du monde chic et nulle ne se farde sans lui demander son avis.

— Bien ! reconnut Amande, je subirai donc ses lois, mais vous m'avez demandé tout à l'heure si je voulais être présentée à je ne sais encore qui.

— Oui, c'est un tout jeune homme, un adolescent… Il voudrait, pour l'initier, une dame de grande classe et qui ne blesse ni ses natives pudeurs ni son goût de la beauté. Je dois vous dire qu'il est poète. Il a publié trois livres de vers sur la chasteté virile…

— Alors, dit Amande, il ne doit pas vouloir quitter son manteau d'innocence.

— Si, justement ! Il dit avoir épuisé la matière et la question. Il lui est indispensable désormais de publier des ouvrages sur l'amour-acte. Mais il veut passer de son premier état à l'autre sans trop de peine. Il lui faut une maîtresse… délicate.

— Je ne sais, avoua franchement Amande, si je suis qualifiée…

— Oh ! vous devez l'être.

— Vous êtes bien aimable de le supposer.

— Mais non ! Allons, vous acceptez ? Tenez, il y aura cinq cents francs pour vous.

— Voyons ça, murmura Amande, si ça ne va pas il me sera toujours licite de me retirer des opérations.

— Oui, mais vous ne toucherez pas les cinq cents francs.

Amande se mit à rire.

— Allons voir, toujours !

Nana Dhousse la précéda dans une chambre tendue de toutes les couleurs possibles, en secteurs, triangles tant droits qu'équilatéraux, polyèdres et tores du plus aimable effet. Dans cette pièce, un jeune homme, assis sur un canapé, semblait rêver en fumant des cigarettes vertes.

— Monsieur Dmitri Coucouron, voici une jeune femme qui se dévoue pour vous aider à sortir des chaînes de l'abstinence…

Et la dame, ayant salué, se retira avec majesté.

— Alors, c'est vous ? fit le jeune homme.

— Moi, répondit Amande, si l'on veut… Je viens autant par amusement et curiosité que pour autre chose. Je ne suis peut-être pas beaucoup plus habile que vous.

— Oh ! fit l'autre en proférant deux vers abscons de Paul Valéry, nous allons en ce cas nous entendre.

Et sautant sur Amande ahurie, il lui fit en un clin d'œil subir quelques outrages sélectionnés avec une incroyable vivacité et une évidente maîtrise, qui témoignaient en faveur de son dynamisme amoureux.

— Eh là ! clamait la jeune femme en riant comme une folle, arrêtez donc !

Alors le poète conclut, en disant :

— N'est-ce pas que la cuisinière de mes parents sait y faire ?

— Trop bien pour moi, avoue Amande.

XXV

Vagabondages

Amande ne poussa pas plus loin les relations avec Nana Dhousse. Certes, c'était une femme charmante, et avec laquelle il n'y avait pas moyen de s'ennuyer. Elle possédait des idées sur tout, et même sur son métier, ce qui est remarquable chez une tenancière de Yoshivara parisien. Elle avait comme conseils esthétiques, outre le fameux Baghadgita, le non moins glorieux Léonard Trafiqus, l'écrivain qui fait loi dans les problèmes de sentimentalité nocturne et la neurasthénie matinale. Il venait, une fois par semaine, de trois à cinq, donner en conférences des leçons d'amour aux curieux. On trouvait là des dames de la meilleure société qui n'avaient assassiné que deux ou trois époux, des Américaines riches à milliards qui apprenaient ensemble à jouer du banjo, à composer de la musique interférenciste et à résoudre les problèmes de l'amour vénal. Des hommes venaient aussi, des membres de la Société des Nations, des acrobates de cirque et des administrateurs délégués des holdings financiers les plus récemment condamnés.

C'était, sans nul doute, un des milieux les plus charmants de France et des colonies.

Mais Amande sentait, avant tout, un besoin irrésistible de renouveler le plaisir que lui avait donné le marchand de femmes. Or elle n'y parvenait jamais.

Cela paraissait même presque irréalisable chez Nana Dhousse, aussi bien d'ailleurs que chez Mme Mouste.

La scène des adieux fut tragique. Amande était revenue par amusement, le lendemain du jour où elle avait appris que les jeunes gens du xxe siècle des garçons très avertis et doués de connaissances au-dessus de leur âge. C'était réunion sous la présidence de Nicolas Vergeturre, de l'Académie française, auteur de la *Grammaire Conjugale* et de la *Nouvelle Théorie du Que retranché*. (Dans la collection fameuse dirigée par Rogatien Pathatte, président du Virgule-Club). Ces deux ouvrages lui avaient rapporté des ors à ne savoir où les mettre et une gloire en pierre dure parfaitement assise. Depuis ce temps il faisait des conférences un peu partout, dans les catacombes, le lundi de Pâques, à minuit tapant, dans la piscine des Tournelles, dans l'ascenseur de la Tour Eiffel, et même une fois en fit-il une suspendu dans un panier à bouteilles, sous le viaduc de Garabit. Chez Nana Dhousse ses « parlegalanteries », comme disaient les fidèles disciples du Maître, étaient suivies à la piste. Amande écouta cet homme considérable. Elle vit un tas de gens de sa connaissance telle que Liette Prnyx, du nouveau Théâtre sous-marin, où la fameuse pièce d'un débutant nommé Thucrite en était à sa mille et unième représentation. Ezechiel Barbenpoind était là aussi, en spécialiste juré des propositions amoureuses. Et même

Cunephine Prosalér, l'écrivaine, commandatrice de la Légion d'Honneur, qui donna voici peu ce chef-d'œuvre : *Les Hommes n'aiment pas ça*. Alors, Amande pensa que ce n'était pas la peine d'aller au bordel pour retrouver toute la belle société parisienne, et elle s'esquiva.

— Où allez-vous, ma belle ? demanda Nana.

— Je me sauve, madame, j'ai un rendez-vous avec un couvreur…

— Un couvreur…

— Oh ! ce n'est pas ce que vous pensez, c'est ma maison, ce n'est pas moi qui ai besoin d'être couverte.

— Vous vous moquez de moi, ma petite. Vous ne trouvez donc pas que les gens qui viennent ici soient dignes de vous ?

— Mais si. Seulement ça ressemble un peu trop à ce que je connais et je préfère un milieu plus vulgaire.

— Vous êtes une vicieuse. Venez que je vous embrasse !

— Hé ! fit Amande étonnée.

— Oui, parce que moi, si j'étais à votre place, je penserais de même. Ces écrivains, ces sculpteurs d'éponges, ces graveurs à l'eau-forte sur velours de coton m'embêtent à ravir.

« Seulement mon commerce en reçoit un lustre merveilleux et je puis quadrupler le prix de toutes choses sans nulle vergogne. Et puis je suis une personnalité officielle. On m'envoie les rajahs du Travancore ou du

Beloutchistan, lorsqu'il en vient à Paris. Une fois, même, j'ai reçu un joyeux drille qui était évêque orthodoxe en Australie et qui se faisait appeler M. Bishop. Il buvait pour trois mille francs de tisane de champagne par jour. C'est à la protection du ministre des Trous à la lune et Faillites que je devais cet individu, qui aurait dû être acheminé d'abord chez ma concurrente : Henriette Assourbanipal.

— Tiens, dit Amande, je n'ai jamais entendu ce nom-là.

— Oh ! elle est très connue. Chez elle c'est la diplomatie réactionnaire qui fréquente plutôt, tandis qu'ici nous nous vantons de porter le cœur à gauche…

— Et où demeure cette Henriette ?

— Rue du Petit Speculum.

— Où diable peut bien gîter cette rue-là ?

— Mais vous ne connaissez que cela. Vous prenez le Boulevard des Trois-Gorets, puis le suivez jusqu'au coin de la place Josephine Baker et des Croupes à ressort.

— Bon !

— Vous enfilez le passage des Étroites et c'est la rue après le passage. C'est près du dispensaire des joueuses de flûte et du poste des Sapeuses-Pompières de l'Arrondissement, au numéro 1 quater.

— Je vous remercie.

Et après un baiser maternel Nana Dhousse laissa Amande aller à son destin.

Ce destin la mena droit chez Henriette Assourbanipal. La maison était noble et digne, avec cet air bourgeois qui trahit le vice et les perversions. Amande entra dans un ascenseur capitonné couleur bouton d'or et se fit hisser au troisième.

La servante qui ouvrit était vêtue en almée, c'est-à-dire le visage voilé et nantie d'un pantalon large comme le Panthéon, en mousseline blanche.

— Tiens, pensa Amande, c'est original.

Et elle demanda la patronne du cru.

On l'introduisit dans un salon pareil à un parloir de couvent, avec de petits ronds en sparterie devant chaque fauteuil, et sans autre ornement sur les murs qu'un portrait de la reine Pomaré, sous lequel s'effeuillait un gros bouquet de roses. Henriette Assourbanipal était une femme maigre et petite, au regard perçant et à la voix sèche comme une fessée. Elle demanda :

— Vous voudriez entrer ici ?

— Mon Dieu, volontiers ! fit Amande.

— Savez-vous jouer à la belote.

— Ma foi non !

— Et peindre des cartes postales pour le premier avril ?

— Non plus.

— Alors je ne puis vous accepter.

XXVI

Et d'autres…

Les questions d'Henriette Assourbanipal avaient plongé Amande dans une grande stupeur. Elle regarda son interlocutrice avec une grande envie de rire, puis demanda :

— Avant que je me retire, madame, me ferez-vous l'honneur de m'expliquer en quoi la belote et la peinture des cartes de premier avril importent pour pénétrer dans un… dans une…

La matrone la regarda avec tristesse, et riposta :

— Madame, je suis une femme méthodique et je contrôle avec soin ce que me disent les postulantes. En sus, je ne veux que des femmes du vrai monde dans ma maison.

— Je comprends cela, fit poliment la jeune femme. Il n'y a que nous pour savoir ce qu'il faut…

— Ah ! vous êtes du monde ? demanda Henriette.

— Ma foi, madame, sauf le cas ou il faudrait un certificat de la police, je me crois autorisée à le dire.

— Mais, en ce cas, comment ne savez-vous pas peindre sur cartes postales ?

— Jamais une telle idée ne m'est venue, en vérité.

— Eh bien, c'est la première fois que je vois une personne de bonne éducation ignorer cet art, que l'on enseigne dans les couvents à toutes les jeunes filles convenables.

Amande pouffa :

— Bon ! je commence à deviner. Mais que faites-vous des cartes postales coloriées que font vos pensionnaires.

— Oh, madame ! j'ai une entreprise du ministère des Colonies. On les distribue comme encouragement en Afrique, aux nègres qui payent leurs impôts. Il paraît que les recettes ont doublé depuis que je suis concessionnaire…

— Bon ! Mais vous expliquerez moins facilement pourquoi vous tenez à ce que je sache jouer la belote ?

— Parce que c'est le seul authentique jeu des salons parisiens, et on reconnaît une femme bien d'une rôdeuse à ce que la rôdeuse ne sait pas jouer ce jeu raffiné…

— Alors, madame, je crains en effet de ne pouvoir vous satisfaire. Permettez-moi de m'excuser et de me retirer.

— Oh ! je puis faire un essai avec vous. Entrez donc ici.

C'était une pièce tendue en noir avec des larmes peintes le long des murs.

— Vous avez perdu quelqu'un ? demanda Amande.

— Mais non ! c'est ici le lieu où je veux vous montrer à un de mes meilleurs clients. Il ne se trouve en forme que si le décor est funèbre. Encore celui-ci ne l'est-il pas assez à son goût. Les jours normaux il avertit la maison de Borniol de lui fournir en complément trois croque-morts pour être témoins de ses amusements.

— C'est gai !...

— Mais ce monsieur est très amusant...

— Je vous crois. Et alors il est là ?

— Oui. Il attendait que vienne sa favorite, une jeune comtesse qui a été aux huit dixièmes empoisonnée par mégarde en mangeant des cornichons toxiques, et qui possède vraiment un physique harmonisé au décor.

— Et moi, vous croyez que je lui plaise ?

— Sans doute. Je vais vous mettre une robe de mariée et vous ferez la morte.

— Merci, dit Amande qui se tordait. Je ne suis pas du tout portée vers ce genre de carnaval funèbre et amoureux. Si vous n'avez pas un amateur plus normal, je vous abandonne.

— J'en ai bien un, mais il voudrait autre chose.

— Dites toujours.

— Voilà, il faut s'habiller en tricolore et lui chanter la *Marseillaise*.

— C'est facile.

— Oui, mais il ne faut pas s'arrêter de chanter tant qu'il n'est pas satisfait.

— Oh ! alors c'est un travail de manœuvre.

— D'autant plus que ça dure longtemps.

— Et puis, dit Amande, il faut savoir *La Marseillaise* et ne je connais pas cet hymne.

— Eh bien, je vais vous faire une autre proposition. Voulez-vous faire la violée dans une scène de tableau vivant ?

— La violée… Je crains encore des difficultés…

— C'est fort simple. Je donne de petites représentations comme cela, les jours de gala, et c'est aujourd'hui.

— Parfait !

— On prépare en ce moment une scène qui se passe chez les cannibales. Il y aura un naufrage et des nègres sauteront sur les naufragés pour leur faire subir, sans distinction de sexe…

— Le sort de Lucrèce.

— C'est bien cela.

— Mais vous aviez déjà le personnel nécessaire ? demanda Amande.

— Oui, certes ! Toutefois vous devez être fort bien faite et vous donneriez à tous un spectacle inédit, n'étant pas habituée à ce genre de divertissement.

— Eh bien, faisons cela ! décida Amande.

— Ah ! je suis heureuse, s'exclama Henriette Assourbanipal.

Et on passa aussitôt dans la pièce où se préparait le numéro de tableaux vivants.

Il y avait là quatre hommes à la peau noircie au permanganate de potasse, avec des femmes nues qui dressaient les décors marins et insulaires propres à donner l'illusion d'une catastrophe océanique.

— Voilà, dit la patronne, une violée de plus.

— Qu'elle se mette vite en tenue, dit un des sauvages. On va commencer.

Amande fut conduite dans un petit salon, et en un instant elle fut nue.

Henriette Assourbanipal la regardait avec attention :

— Vous allez plaire à tout le monde. Ah ! si vous connaissiez la belote !

— Quoi, fit la jeune femme interdite, C'est encore exigible !

— Hé oui ! Nous jouons devant un parterre d'invités, pour les enflammer. Mais, sitôt la scène close, les amateurs choisissent, parmi celles ou ceux qu'ils ont vus en action, la personne qui leur plaît le mieux pour l'intimité d'une belote.

— Diable ! fit Amande.

— Comment, cela vous déplaît ? Mais ne veniez-vous pas ici dans le but de trouver de l'homme ? Eh bien vous en aurez à votre disposition une fois la belote finie.

— Heu ! avoua Mme de Baverne d'Arnet, je venais pour ça et pour autre chose. Vous savez, ces questions-là ne sont pas simples et faciles à expliquer.

— Allons !... Je vous promets de ne pas vous en donner plus de deux pour le jeu et l'amour.

— C'est peut-être encore trop.

XXVII

Estelle Némorin

Ce ne fut donc pas encore chez Henriette Assourbanipal que la douce Amande put à son aise déshonorer son mari.

À ce propos, on n'imagine pas combien les difficultés s'accumulent lorsqu'un pareil projet vous vient à vous, femme... On voit couramment des épouses qui n'ont rien d'anoblissant et qui, malgré cette neutralité, se chargent pourtant de répandre sur leurs familles toutes les perles du déshonneur. Or voilà que, le désirant, Amande, elle, ne pouvait plus réaliser ce désir si légitime.

Ah ! combien la vie met parfois de bâtons dans les roues des projets les plus moraux !

Mais Amande, voyant la fatalité lui refuser, et du plaisir, et la joie de dire son nom à tous ceux qui eussent dû lui offrir de la volupté, ne se découragea cependant pas tout de suite.

Elle avait déjà vu diverses matrones qui ne lui donnaient point satisfaction. Eh bien, elle chercherait encore.

Et elle acheta un petit journal spécial pour y trouver la maison de tolérance de ses désirs.

C'est là que l'annonce faite par Estelle Némorin lui tira l'œil.

C'était un petit carré, où l'on promettait des plaisirs sans limites et inextinguibles à tous les amateurs, qu'ils aimassent les amours à la mode orientale ou occidentale, les passions italiennes, irlandaises, brésiliennes ou cafres. « Voilà ce qu'il me faut », pensa Amande.

Le lendemain matin, elle laissa dans son lit Adalbret qui cuvait sans doute les satisfactions prises avec quelque horreur de la rue la plus perdue du XXe arrondissement. D'un pas léger elle se dirigea alors vers le boulevard des Onze mille vierges, où demeurait Estelle Némorin.

La maison avait bon air. Un concierge amène, le bonnet grec sur l'oreille, la salua et lui dit que c'était au rez-de-chaussée.

Amande sonna.

Et la porte s'ouvrit aussitôt, offrant le plus délicieux spectacle qui se pût imaginer.

— Trois belles filles à peu près nues se tenaient debout devant l'huis, et chacune montra aux entrants une pancarte rose sur laquelle étaient écrits, de gauche à droite :

Entrez donc !

Nous vous attendions.

Vous en aurez, du bonheur !

Amande, légèrement surprise, referma la porte et hésita avant d'aller plus loin.

Mais les trois femmes qui avaient cru d'abord à la venue d'un homme, voyant une visiteuse, retournèrent les pancartes. Sur l'envers vert pâle Amande lut ceci :

Soyez la bienvenue !

Nous comptons sur vous

L'amour est là !

Alors, jaillissant d'un coin perdu, une fillette habillée en poupée sauta sur Amande et la prit par la main.

Elle fut aussitôt introduite dans un salon tendu de panne bleue et dont le mobilier était d'ébène.

« Oh ! pensa Amande, nous voilà dans un autre genre de maison. » Aussitôt, d'ailleurs, apparut une dame fort jolie, habillée de sa pudeur, de lumière blonde et d'un pagne en cuir, pyrogravé d'évocations galantes.

« Diable ! se dit la jeune arrivante, voilà qui se corse. Je n'avais pas encore vu de maison où la tenancière vînt ainsi au-devant des clients. »

— Asseyez-vous, madame, dit Estelle Némorin.

Amande s'assit et se mit à rire.

— Vous êtes de bonne humeur, remarqua gentiment la belle femme, mais voulez-vous me dire ce qui vous amène, madame ?

— Je voudrais vous demander, dit Amande tout à trac, si vous avez une place pour moi dans votre personnel.

— Lequel, madame ? Il y a ici trois personnels, celui des femmes qui conversent avec les hommes et que je nomme les « parleuses ». Elles sont recrutées parmi les licenciées et agrégées des Lettres. Nous avons aussi deux doctoresses et une avocate.

« Celles-là ne s'occupent pas d'amour, et, si l'envie leur en vient, elles payent et deviennent clientes…

Ahurie, Amande écoutait sans rien dire.

Estelle Némorin reprit après un silence :

— J'ai aussi celles qui ne s'occupent que de la sentimentalité. Elle ne se livrent à aucune galanterie matérielle et cela leur est même défendu. Les fornicatrices sont en effet syndiquées et disposent d'un monopole. Les sentimentales ne s'occupent par conséquent que d'amour platonique. Elles doivent porter, car je ne puis les surveiller tout le temps, une ceinture de chasteté comme les parleuses.

Quant aux « lascives », elles forment l'aristocratie de ma maison et je n'accepte aucune qui n'ait au minimum le trait d'union de la noblesse républicaine. Il y a une duchesse, deux marquises, une comtesse, une archiduchesse, la femme d'un viscount anglais et d'autres enfin…

« Voulez-vous donc me dire quel rôle vous postulez ici ?

— Ma foi, madame, dit carrément Amande, je suis pour les « lascives »

— Bien ! alors il faut passer l'examen.

— Un examen ? fit la jeune femme de plus en plus stupéfaite.

— Mais oui, madame, je suis autorisée par l'État à donner des diplômes, tout comme le Collège des Hautes Études sociales.

— Et ces diplômes ?

— Eh bien, ce sont des références dans la vie. Vous ne sauriez croire combien elles sont indispensables pour le mariage dans le monde élégant. Lorsqu'il s'agit de personnes notables, on commence toujours par demander les diplômes aux familles… avant les mariages.

Amande éclata de rire :

— Mais c'est merveilleux. Voulez-vous me dire comment se passe cet examen ?

— J'ai des professeurs, pour les « parleuses », les « sentimentales » et les « lascives ». Mais une fois l'examen passé, il est bon de compléter son savoir. Certaines sont passées dans les trois catégories.

— Eh bien, faites-moi examiner ?

— Dites-moi d'abord si vous êtes amoureuse ?

— Mon Dieu, madame, cela dépendrait des gens et des circonstances.

— Êtes-vous facile à émouvoir ?

— Non ! Mon mari n'a jamais pu, ou voulu…

— Avez-vous du goût pour certains divertissements spéciaux ?

Amande, un peu suffoquée par ce questionnaire, eut quelque rougeur malgré son toupet :

— Ma foi, madame…

XXVIII

Initiations

Amande passa chez Estelle Némorin l'examen des lascives. Il était subtil et compliqué. Celui qui faisait le rôle professoral restait de glace et visiblement incorruptible. Il cotait sur une feuille exprès les qualités de l'impétrante.

Il y avait des colonnes pour chaque chose et beaucoup de ces choses.

Amande n'en revenait pas qu'on découvrît scientifiquement tant de mystères en amour.

En même temps on donnait à la jeune femme des leçons de maintien amoureux et de correction durant les phases de la passion. On lui enseignait mille actes divertissants et inattendus qui la faisaient rire et l'amusaient infiniment.

Enfin le professeur prit sa fiche et l'annota, puis il salua Amande et dit :

— Madame, l'examen est terminé.

— Puis-je savoir si je suis reçue ? demanda-t-elle.

— Mme Estelle vous le dira.

Et on se rendit chez la tenancière.

Celle-ci prit la feuille et tandis que l'examinateur se retirait, elle dit :

— Ah ! je suis contente de vous. Vous êtes admise avec mention bien.

— Oh ! fit Amande en rougissant de joie.

Car elle craignait un peu de se voir recalée.

— Oui. Vous avez brillé sur deux rubriques d'une façon très exceptionnelle. Moins habile ici, mais pleine de volonté et de dispositions.

Et avec un sourire :

— Mais la note de la colonne des observations dit ceci : « Mme Amande s'analyse visiblement trop et perd parfois le fil des opérations dans son désir de suivre, au fond d'elle-même, le sens et la valeur des impressions qu'elle ressent. »

— C'est bien vrai, fit Amande.

— Oh ! ce n'est rien, reconnut Estelle Némorin. Vous êtes en tout remarquable. Il me faut maintenant vous mettre au courant.

— J'écoute, madame.

— Voici, c'est quatre cents francs par jour.

Et comme Amande la regardait avec curiosité, elle reprit :

— Mais j'accepte que vous me remettiez un chèque, à toucher quand il vous plaira.

— Pourtant, madame, je croyais, remarque Amande, que ces choses-là étaient généralement payées par les hommes. N'est-ce pas suffisant, sans les faire solder aussi par le sexe en face ?

Estelle passa la main sur son pagne et se mit à rire.

— Ah !… ah !… oui, je vous entends. Vous n'êtes pourtant pas venue ici dans l'intention d'y gagner votre vie ?

— Aucunement, madame.

— Fort bien. En ce cas, je me contenterai de vous demander, à cause de vos dispositions, et du lustre que vous répandrez sur ma maison, deux cents francs par jour.

Amande rit à son tour.

— Mais ne touchez-vous pas d'argent du côté mâle ?

— Si, certainement. Mais songez à mes frais immenses qui ne seraient pas couverts autrement. Ici, c'est comme en beaucoup de théâtres. Je fais le service à un certain nombre de gens de plume et de dames du même, à des sénateurs et à des personnes du monde qui me font ensuite de la propagande…

— Ah ! fit Amande, il y a ici un service de presse…

— Parfaitement. Je suis très moderne, moi. Alors j'ai décidé, pour avoir un personnel considérablement réduit, mais de premier ordre, de ne recevoir que des femmes payantes, pour le plaisir qu'elles donnent ou reçoivent, peu m'importe, à des partenaires payants aussi.

— Songez, dit-elle encore, à la satisfaction de l'amant qui, pour cinq cents francs, a le plaisir de donner à une jolie femme une joie que celle-ci paye le même prix…

— C'est en effet ingénieux et spirituel, reconnut Amande.

— Mais oui ! Ainsi vous, ma petite, supposons que vous receviez un homme et versiez deux cents francs pour cela. Il ne faut pas oublier quel rehaut passionnel contient alors la certitude que votre partenaire a payé plus du double le droit qu'il prend d'être un instant au cœur de votre intimité…

— Oui… oui… c'est une façon d'envisager les choses.

— Me faut-il comprendre que vous refuseriez ?

— C'est-à-dire…

— Allons, je vous prendrai pour cent francs par jour et vous aurez le droit de refuser qui vous déplaît. C'est une grave prérogative que je vous donne, mais je tiens tant à votre présence ici.

Amande accepta :

— Essayons !

— Fort bien. Je vais faire graver votre diplôme d'honneur, avec votre portrait traité à la pointe sèche par un grand artiste. Tout est bien fait ici.

Et Amande se prépara à toucher aux cimes de l'Everest amoureux.

Une heure après, dans un salon de satin amarante où elle rêvassait sur ses aventures, on vint, de fait, la quérir pour lui montrer, par un jour dissimulé, un homme qui voulait une « lascive ».

Elle regarda et dit :

— Impossible, c'est mon beau-père.

C'était, en effet, le père même d'Adalbret.

Un autre parut assez digne d'affection, du moins quant à l'énuméré de ses titres. C'était en effet le duc Seligman de la Sierra-Dorchester, un noble anglo-espagnol né à Cracovie. Mais il était bossu.

— Non ! fit Amande, je ne veux pas avoir de bosse à me reprocher. Le troisième apparut trop laid, et d'ailleurs la jeune lascive commençait d'en avoir assez. Elle ne percevait plus en sa chair la moindre sollicitation voluptueuse et se rendit chez Estelle Némorin.

— Je crois, madame, que je n'ai décidément pas la vocation.

— Vraiment ! dit la dame du lieu en riant et sans s'offusquer.

— Non ! Cette attente me glace et les hommes que j'ai vus sont sans attraits.

— C'est assez juste. Voulez-vous revenir demain ? Je vous offrirai un homme très beau, après lequel toutes les femmes courent et qui n'en voit que chez moi…

Elle se pencha vers Amande.

— Il me préfère, mais je vous le céderai une fois.

— C'est entendu, je reviendrai demain.

Et Amande s'en fut d'un pas leste.

On ne saurait croire, quand on parle des facilités de la débauche, pensait-elle, à quel point elles sont surfaites.

XXIX

Encore une fois

Amande, découragée, n'avait plus aucun désir de se rendre chez Estelle Némorin, qui finissait par l'ennuyer après un nouvel échec.

Elle se disait en effet que l'amour, entouré de tant de complications, est encore moins agréable que son absence.

Et puis, elle attendait certes de se voir aimer et de connaître à nouveau le grand frisson des voluptés, mais il fallait que cela vînt tout seul et non point au bout de difficultés infinies. Certains, sans doute, tirent de ces obstacles une satisfaction de plus, mais, pour elle, c'était le pire des réfrigérants.

En sus, faire de la prostitution ordinaire, sans autre fruit que de déshonorer son mari et surtout sans plaisir, aurait semblé bas à cette jeune femme. Elle gardait, en effet, dans la situation la moins indiquée pour de tels soucis, un besoin durable de moralité…

La morale à ses yeux était sauvegardée par l'intervention de la joie dans l'acte délictueux. Or, le plaisir a un caractère de spontanéité que toutes les tenancières de *bouics* annulaient par mille entraves, de sorte qu'Amande ne voulait plus rien entendre de ce métier du moment qu'il était ennuyeux.

Il lui restait au vrai à pénétrer dans une vraie maison de tolérance. Là ce doit être, pensait-elle, infiniment plus agréable. On n'ajoute pas à la chose tout cet art et toute cette littérature surérogatoires qui faisaient les vaines délices de Nana Dhousse ou d'Estelle Némorin.

Seulement, comment donc s'introduire dans un lupanar ?

Elle en était là de ses réflexions vagabondes, un après-midi, lorsqu'elle s'arrête à un croisement de la rue de Mogador et fut heurtée par une grosse dame élégante qui lui dit :

— Toujours ces embarras de voitures, n'est-ce pas ?

— Oui, toujours, et je ne les vois pas cesser demain, répliqua Amande.

— Je vais décidément prendre un taxi, plutôt que de continuer à marcher ainsi, fit la puissante personne.

Amande allait dire qu'elle n'y voyait aucun inconvénient, mais la femme dit encore :

— Voulez-vous que je vous dépose là où vous allez ?

— Volontiers, accepta la jeune femme que la bousculade agaçait.

Elles montèrent dans une auto, qui, Amande ne le remarqua pas tout de suite, n'était aucunement un taxi.

Et le chauffeur partit sans ordre.

L'épouse d'Adalbret se mit à rire :

— Vous avez vu cette femme qui a failli se faire écraser ?

« Elle a culbuté par terre et nous a fait voir tous ses trésors.

— Oui. Il me semble qu'une femme convenable ne devrait pas sortir sans une culotte, au minimum…

— Oh ! cela dépend de la température. Par ce beau temps, il n'est pas déplaisant d'avoir de l'aise et de laisser sa peau respirer un peu.

— Voyez-vous, la petite vicieuse, sourit la dame. Vous n'avez donc pas de culotte ?

— J'ai une combinaison qui fait culotte et chemise, tenez !

À ce moment la voiture stoppa.

— Venez prendre une tasse de thé chez moi, demanda la dame importante.

— J'y consens volontiers.

Et Amande monta un escalier somptueux, fort parfumé.

Lorsqu'elle entra dans un appartement doré partout, et encombré de statuettes, de peintures et d'objets d'art uniformément érotiques, elle comprit que sa compagne du moment était encore une tenancière de maison de galanterie, et qu'elle venait de se faire recruter une fois de plus.

« Voyons, pensa-t-elle, ce qui va arriver ! » Elle était dans un cabinet garni de fauteuils de cuir, devant un bureau ministre.

La matrone lui dit :

— Ma chère madame, j'ai la sensation que la vie ne vous donne pas toutes les félicités auxquelles une si jolie femme a évidemment droit.

— Mon Dieu, madame, dit Amande, il en est pour moi comme pour bien d'autres.

— Oui ! Mais je suis convaincue que l'Amour est rare dans vos actes et abondant dans vos désirs.

— Ce n'est pas faux, avoua la jeune femme.

— Et cet amour, je ne crois pas me tromper en devinant que vous l'avez cherché sans le trouver, souventes fois.

— Mon désir ne m'a pas fait encore accomplir de folies, dit Amande, mais, en gros, vos réflexions sont justes.

— Eh bien, le voulez-vous, cet amour tant attendu ?

— Si je le veux…

— Oui. Je vous le propose. J'ai sous la main un homme doux, tendre, beau et ardent…

— Que de vertus !

— Ce ne sont pas précisément des vertus, mais ce sont des qualités, selon moi…

— Oui, sans doute.

— Enfin, acceptez-vous ?

Amande hésitait.

— Dites oui, allez ! Outre cela, l'homme en question est riche et il n'est point de femme qui soit indifférente à quelques billets bleus …

— Écoutez, nota Amande, si ce que vous me promettez est vrai, je n'accepte que dans un décor selon mon goût.

— Dites toujours !

— Voilà. Je veux bien être aimée par votre phénix, mais dans une totale obscurité, et sans un mot. Mes tentatives se sont heurtées jusqu'ici à des déceptions et à des médiocrités qui m'ont un peu dégoûtée. Donnez-moi un homme qui aime, qui sache ce que c'est que l'amour, et qui veuille m'en faire goûter la saveur. Voilà ce que je vous demande.

— Mais j'accepte, et cette originalité de conception me plaît plus que tout. Vos désirs seront réalisés.

— Parfait. Allons-y ! car après une période de calme qui me faisait croire que j'en avais assez, voilà le désir qui me revient.

— C'est bien, venez dans la chambre voisine. Elle sera fermée rideaux tirés et vous attendrez nue l'amant qui vous mènera au paradis. Je lui téléphone illico.

— Espérons donc cette montée au ciel. Elle est assez peu commune.

— Oh ! vous verrez toutes les flammes du bonheur…

— Alors, qu'elles viennent, mais réservez-moi un extincteur.

XXX

Réconciliation

Amande, étendue sur un lit parfumé et dans une obscurité totale, écoutait les bruits qui se répandaient à travers les portes de la maison.

Elle ne savait d'ailleurs même pas quel nom portait l'étrange gaillarde qui l'avait si habilement amenée en son terrier. Oh ! celle-là était fine en son genre et devait occuper une place égale à celles que déjà la jeune femme avait connues, sans en tirer, au demeurant, le moindre fruit. Mais la chance ne l'avait sans doute pas servie… Qu'en serait-il cette fois ? Amande se le demandait avec une curiosité amusée. Elle avait perdu tout sentiment de vergogne depuis longtemps, mais commençait de sentir ce que cette fréquentation obstinée des maisons d'amour comporte de fâcheux pour le sentiment de dignité intime indispensable à une femme libre.

Trouver le plaisir et le prendre, rien de mieux. Mais courir après et ne point même le voir sur une route trop riche d'abandons était chose un peu irritante.

Et Amande se demandait si elle n'allait pas enfin, en cas de nouvel échec, faire vœu de définitive vertu.

Elle y pensait d'autant mieux qu'elle ne sentait aucun désir réel aiguiser sa chair.

« Si je fichais le camp ? »

Mais elle pensa que si l'on s'engage dans une mauvaise route il faut au moins avoir le courage de la suivre jusqu'à son extrémité.

Et elle resta couchée.

Il faisait chaud et un parfum entêtant se répandait partout. Que va-t-il se passer ?

Elle avait voulu l'obscurité parce que la lumière déçoit. Si elle n'avait pas vu naguère la face crapuleuse de son initiateur, elle l'aurait aimé, sans doute, d'un amour violent et durable. Il est entendu que ce lui était une belle sauvegarde que de ne point connaître un tel amour pour un individu si dangereux. Le voyez-vous vendant la baronne Amande de Baverne d'Arnet à une maison de tolérance de Buenos-Ayres ?

Pourtant, il ne faut pas chasser trop tôt les illusions… Elle en était là de ses méditations, lorsqu'elle entendit, sans que la lumière trahit le survenant, la porte qui s'ouvrait et se refermait doucement.

Elle sentit son cœur qui commençait de s'affoler :

« Oh ! oh !… serais-je on posture de nouvelle épouse qui ne sait pas encore les délices, et les soucis, et les douleurs, et les déplaisirs qui l'attendent ? »

Un pas lent s'approchait et un corps fut debout, invisible, au bord du lit.

Les yeux écarquillés, Amande regardait la nuit. Elle croyait, en vérité, percevoir quelque chose. Elle disait tantôt « il est grand », tantôt « il est petit »… Mais c'était tout songe. Et voilà qu'une main s'étendit sur elle, une main lente et douce, qui n'insistait pas, qui ne violait pas, une main intelligente et délicate qui lui fit passer un frisson dans la moelle.

Elle pensa :

« Il est fin… »

L'autre main survint à son tour. Cela jouait avec le corps d'Amande, le tenait, le laissait, le maniait et lui procurait mille angoisses rapides qui se résolurent bientôt en un violent émoi.

Puisqu'elle était là, aussi bien, ne valait-il pas beaucoup mieux attendre avec satisfaction ce qui allait advenir plutôt que de le redouter ?

Et elle se retenait de pousser de petits cris, qui venaient du plus profond d'elle, puis mouraient aux bords de ses lèvres crispées.

Soudain les mains inconnues la quittèrent et le corps de l'homme se plaça sur le lit.

Amande frissonnait. Comme c'était mystérieux et languissant, cette attente dans la nuit, et combien l'événement en prenait une sorte de douceur sacrée…

Et elle se tendait, comme une lamelle d'acier, pour mieux percevoir les appels qui passaient en elle et autour de son corps…

Brusquement, elle se sentit prise.

L'étranger ne disait rien. Pas un de ses gestes qui ne fût voué à la joie. Il paraissait un technicien amoureux d'une habileté vraiment souveraine.

Amande se pâma alors comme si le feu du ciel la tordait et promenait ses flammes sur elle. Elle devina confusément que son plaisir était partagé et poussa un roucoulement.

Elle sentit ensuite la passion naître en elle comme une chose déjà étrangère et elle s'exhala dans un cri délirant :

— Mon chéri… je t'aime… je t'aime !…

Mais l'amant ignoré frissonnait et se retirait soudain. Il allait en hâte à un commutateur et faisait la lumière. Et ils se regardèrent tous deux ahuris et bouleversés. Ils étaient nus et pareils à Adam et Ève après le péché.

Nus et époux, en vérité.

Car Amande reconnut en son amant de hasard son mari, Adalbret de Baverne d'Arnet.

Elle poussa un cri de stupeur amusée :

— Vous, mon ami.

Il s'approcha.

— Vous m'avez dit que vous m'aimiez, Amande ?
— Oui !

— Maintenant que vous m'avez vu, retirez-vous cet aveu ? Était-il adressé seulement à l'inconnu que j'étais, il n'y a qu'un instant, ou à moi-même ?

Elle hésita, puis comprit qu'il y eût entre eux quelque secrète et lointaine ignorance qui consommait auparavant leur séparation.

À cette minute il leur était enfin possible de s'unir.

Elle dit :

— Je préfère que mon mot soit pour vous.

— Bien, fit-il, j'avais toujours cru que vous étiez de glace et qu'il me fallait chercher l'amour ailleurs. Je ne vous ai jamais trompée, Amande, qu'avec des femmes misérables et hideuses qui ne pouvaient venir en compétition avec votre beau corps.

Elle répondit :

— Vous m'avez crue de glace. Vous vous trompiez et moi je vous croyais ignorant et sot en amour.

— Vous le croyez encore ?

— Non, certes !

— Eh bien aimons-nous pour commémorer notre union cette fois définitive, puisque les sens y participent.

Et ils se prirent en amants pleins d'ardeur.

« Nous ne nous comprenions pas », devinait Amande.

« Je me trompais sur elle », pensait Adalbret.

Et ils poussèrent ensemble un grand cri d'amour.

La vie était belle, une maison de désir est sans doute le seul lieu où deux époux puissent rendre leur mariage parfait et indissoluble.

Car la morale sait où et quand il lui faut se manifester…

FIN